Gabi Schierz · Gabi Vallenthin

LOW FAT 30

FÜR DIE GANZE FAMILIE

FALKEN

Inhalt

LOW FETT 30 für die Familie

Schluss mit den lästigen Pfunden

Jeden Tag das gleiche Spiel, Woche für Woche, Jahr für Jahr: Mittags, wenn die Kinder heimkommen, etwas auf den Tisch bringen, abends noch etwas für den Papa zaubern ... da 'nen halben Keks und dort den Rest vom Eis in den Mund schieben – und keine Zeit mehr für sich selbst: Sie haben Familie ... willkommen im Club.

Es ist, als ob ständig 10 Leute an einem ziehen würden. Sie als Mutter sind ständig darum bemüht, es allen recht zu machen und dafür zu sorgen, dass keiner zu kurz kommt. Ein kleines „Danke" wäre ganz nett, aber genau genommen wäre es schon hilfreich, wenn man einmal für 5 Minuten frei entscheiden könnte, was man tun will, statt zu machen, was am dringendsten getan werden muss.

Der Frust wird kompensiert: Mit einem Häppchen da und einem Häppchen dort und damit, erschöpft die Beine hoch zu legen statt Sport zu treiben. Nach der ersten Schwangerschaft sind so die Pfunde hängen geblieben ... und beim zweiten Kind kamen die Ringe an die Hüften.

Wir versprechen Ihnen: Das lässt sich ändern. Es ist absolut NICHT aussichtslos. Ganz im Gegenteil. Sie haben gute Chancen, jetzt auf einfache Art und Weise, nämlich mit Low Fett 30, Ihre Wunschfigur zurückzubekommen.

Hilfe, mein Kind ist zu dick

Auch wenn Sie selbst schlank sind, kann es sein, dass Ihr Kind mit Übergewicht zu kämpfen hat. Resignieren Sie nicht. Mit nur kleinen Veränderungen lassen sich auch hier große Erfolge verbuchen. Entscheidend ist, dass Sie – vielleicht auch in Zusammenarbeit mit dem Kinderarzt oder einer entsprechenden Beratungsstelle – den Kampf aufnehmen. Einige konkrete Hinweise finden Sie ab Seite 9. Die dortigen Empfehlungen sind durchaus auch für Eltern mit normalgewichtigen Kindern geeignet. Denn die Ernährungs- und Lebensgewohnheiten, die Ihr Kind von klein auf pflegt, sind entscheidend dafür, ob es später, als Teenager, als Twen oder mit vierzig schlank oder dick durchs Leben geht.

LOW FETT 30 – das Grundprinzip

Die 30-Prozent-Regel

„Maximal 30 Prozent der Kalorien aus Fett", so lautet die Empfehlung der Deutschen Gesellschaft für Ernährung.

Das ist nicht identisch mit 30 Prozent in Trockenmasse oder 30 Prozent Gewichtsanteil, sondern Sie müssen folgende Formel anwenden:

$$\frac{\text{Fettgehalt in g pro 100 g x 9 x 100}}{\text{Gesamtkaloriengehalt pro 100 g}} = \% \; \text{Fett-kalorien}$$

Nährwertangaben von Fertigpizzen, Tiefkühlgerichten, Dosensuppen und Tütengerichten, von Joghurt, Milch und Keksen lassen sich in diese Formel einsetzen und wenn das Ergebnis unter 30 liegt, können Sie sich an dem jeweiligen Gericht satt essen – auch wenn es sich um etwas Süßes handelt oder um jahrelang Verbotenes wie Süßigkeiten, Eis und Kuchen.

Es gibt eine Menge Gerichte und Speisen, die das Kriterium „maximal 30 Prozent der Kalorien aus Fett" erfüllen – leider sind das nicht alle und vor allem längst nicht immer die Produkte, die man uns als Diätlebensmittel verkauft: Diätkäse, Diätwurst, Diätdelikatesssalate liegen eigentlich immer (weit) über den 30 Prozent.

Sogar einige der ach so gesunden Müslimischungen sind über der 30er-Schallmauer.

Deswegen: Erst rechnen bzw. die Nährwertangaben ansehen, dann kaufen.

Vorsicht vor Mogelpackungen

Die Bezeichnungen „light" oder „Diät" auf den Verpackungen können sich auf den Zuckergehalt oder den Fettgehalt beziehen. Aus ihnen kann man aber noch lange nicht ableiten, dass das jeweilige Produkt auch schlank macht.

Besonders auffällig ist das bei „Diät-Schokolade", wie Schokolade für Diabetiker häufig benannt wird. Sie enthält lediglich statt des normalen Zuckers Fruchtzucker und ist meist noch fetter als normale Schokolade. Damit ist sie zum Abnehmen alles andere als geeignet.

Und „gesund" ist auch so ein schwammiger Begriff. Nehmen wir nur einmal die Brotaufstriche aus dem Reformhaus: Sie sind mit gesundem, hochwertigem Pflanzenfett hergestellt, und schlanke Vegetarier sind entzückt, dass es sie gibt. Für uns Übergewichtige aber gilt eine andere Übersetzung: Vegetarische Brotaufstriche strotzen meist vor Fett ... und machen deshalb leider genauso dick wie Butter oder fetter Käse.

Daher die Grundregel: Immer erst rechnen bzw. sich die Nährwertangaben ansehen und dann kaufen – oder nicht kaufen.

Ebenso vertrackt sind einige Low-Fat-Bücher. Achten Sie auch hier auf die 30: In vielen Büchern liegen die Gerichte weit über der 30-Prozent-Marke, auch wenn sie wenig Kalorien und wenig Fett haben.

Der Nachteil bei Gerichten mit hohem Anteil an Fettkalorien ist: Sie machen trotz eines hohen Brennwertes, der vom Fett kommt, nicht so lange satt. Hochwertige Kohlenhydrate, in Form von Vollkornbrot, Reis, Nudeln, Kartoffeln, Gemüse, Salat und Obst, sind reich an Ballaststoffen, heben sanft Ihren Blutzuckerspiegel und machen langanhaltend satt. Also: Augen auf! Übrigens: Alle LOW FAT-Bücher im Falken Verlag sind LOW FAT 30-Kochbücher!

Hier ist der Anfang nur ein bisschen schwer

Zugegeben, am Anfang ist es ein wenig mühsam: jede Packung im Supermarkt umdrehen, nach Nährwertangaben absuchen und im Zweifelsfalle liegen lassen. Aber schon nach wenigen Einkäufen haben Sie die wichtigsten LOW FETT 30-Produkte für Ihren Haushalt im Kopf. Die kleinen Veränderungen, die Sie beim Einkaufen vornehmen, werden sich nach kürzester Zeit auf Ihre Figur, die Ihrer Kinder und das Wohlbefinden aller auswirken.

Das Tolle ist: Das Angebot an LOW FETT 30-Lebensmitteln ist wesentlich größer als Sie bislang wohl vermutet haben:

▷ Gemüse und Obst
▷ Nudeln, Reis und Brot
▷ Flocken, Cerealien und Körner
▷ Filetfleisch, Wild, Hühnchen und Pute, magerer Schinken, Kasseler und natürlich jede Menge Fisch
▷ Hülsenfrüchte
▷ viele Milchprodukte
▷ jede Menge Backwaren

Bei allen Produkten gibt es solche und solche, zu fettreiche und solche, die dem LOW FETT 30-Prinzip entsprechen ... da ist es nötig, sich jedes „Objekt der Begierde" genau anzusehen. Doch solange Eis, Kekse oder Kuchen auf der Liste der LOW FETT 30-Produkte mit dabei sind, lohnt sich der Aufwand in jedem Fall.

Dicke Kinder müssen nicht sein

Dicksein macht das Leben unnötig schwer

Rund 40 Prozent der schulpflichtigen Kinder liegen über dem Normalgewicht. 10 Prozent aller Schulkinder haben Fettsucht. Und dabei handelt es sich nicht um Babyspeck – auch wenn manche Mutter das gerne so hinstellt.

Kinder, die so dick sind, werden oft gehänselt, sie sind eventuell unglücklich und unzufrieden, häufig auch verhaltensauffällig, manchmal entweder Außenseiter, Anführer oder Klassenclown.

Die Fettzellen, die man als Kind schon am Körper trägt, wird man auch als Erwachsener nicht einfach so los. Das verwächst sich nicht in der Pubertät. Das Fett wächst mit. Proportional zum Wachstum (das bei dicken Kindern auch noch früher endet) erhöht sich das Gewicht. Aus einem kleinen Dickerchen wird ein großer Dicker. Und der bekommt dann keine Lehrstelle, schlechter bezahlte Jobs und sucht vergebens nach einem Partner.

Machen Sie diesem Horrorszenario als Mutter so früh wie möglich ein Ende, und wenn Sie kleine Kinder haben, dann versuchen Sie von Anfang an die schlimmsten Fehler zu vermeiden.

Die Verantwortung für unsere Kinder

Geschmack wird erlernt, er ist ein Teil der Sozialisation eines Kindes: Ein afrikanisches Kleinkind bekommt als feste Nahrung viel Hirse, ein japanisches lernt früh, dass Sushi gut schmeckt und ein indisches Kind erfährt, dass Curry zu seiner Ernährung gehört: schön scharf! Das ist toll.

Und unsere Kinder: Sie lernen die Segnungen der Schnell-Imbisse zu schätzen, freuen sich über Fritten und Cola, über Tiefkühlkost und Fertiggerichte ... Hauptsache bequem ... und immer schön am Puls des Werbefernsehens.

Wenn Sie genau hinsehen, merken Sie schnell, dass an diesen Ernährungsgewohnheiten nicht das KIND schuld ist, sondern die ELTERN. Denn gerade in den prägenden ersten Jahren entscheiden die Eltern über den Einkauf, über das, was auf den Tisch kommt, über das Freizeitverhalten – auch über das falsche.

Lektion 1 für die Eltern eines zu Übergewicht neigenden Kindes: Stehlen Sie sich nicht aus der Verantwortung. Beschäftigen Sie sich mit Ihrem Kind ... und wenn Sie das aus familiären Gründen selbst nicht schaffen, dann sorgen Sie für einen adäquaten Ausgleich über einen Hort oder bei befreundeten Familien und Spielgruppen.

So essen und trinken Kinder richtig

Gesundheit auf den Tisch

Kaufen Sie konsequent fettarme Nahrungsmittel ein. Auch bei Kindernahrung muss die Fettformel angewandt werden. Dünsten Sie Gemüse ohne Fett, servieren Sie es ohne Sahnesaucen. Das Brötchen morgens kann man genauso gut mit Magerquark und Obst machen, statt mit dick Butter und Erdnusscreme.

Und legen Sie Essenszeiten fest. Denken Sie jedoch auch an die Zwischendurch-Snacks – hier ist Obst goldrichtig, und für Kinder, die kein Obst mögen, können Sie Obstpüree in eine Eismaschine zu Sorbet verarbeiten – ohne Zucker, versteht sich. Fertig ist das Eis. Seien Sie Ihrem Kind ein Vorbild, und knabbern Sie auch selbst gegen den kleinen Hunger zwischendurch Möhren, Kohlrabi, Äpfel und Birnen. Ihr Kind lernt in aller erster Linie durch SIE ...

Die richtigen Portionen

Geben Sie Ihrem Kind zu essen, wenn es Hunger hat. Und hören Sie damit auf, wenn es satt ist. Bei Ihrem Kind kann es sein, dass es bereits nicht mehr merkt, wann es satt ist und ab wann es sich überfrisst. Überlegen Sie, ob Sie Ihre Hauptmahlzeiten in drei kleinere Mahlzeiten, also Vorspeise oder Suppe, Hauptgericht und Nachtisch aufteilen, wie das früher einmal war. Und dazwischen lassen Sie sich ein bisschen Zeit mit dem Auftragen des nächsten Ganges. Dann erlebt Ihr Kind das Sättigungsgefühl nach weniger Essen.

Kinderprodukte

Die meisten Kinderprodukte sind zu fett: Quarkspeisen mit 6 Prozent Fett müssen einfach nicht sein. Und auch den milchigen Snacks aus der Kühltheke erteilen wir eine klare Absage: Damit werden unsere Kinder zum Fett-Essen erzogen.

Süße Getränke müssen nicht sein

Gewöhnen Sie Ihre Kinder von klein auf an Wasser. Das ist das natürlichste Getränk der Welt. Und billig ist es obendrein.

Auch Fruchtsaft-Schorle muss nicht sein, wenngleich es noch die akzeptabelste Variante ist.

Tees für Kinder sollten Sie grundsätzlich selbst brühen. Denn auch wenn auf der Verpackung von Pulvertees „ohne Zucker" steht, sind diese Tees häufig gesüßt und können sowohl Zähne wie Bauchspeicheldrüse ruinieren.

Liebe gegen Leistung?

Oft praktiziert, aber deshalb nicht richtiger: „Tu etwas für deine Mutter, dann bekommst du Liebe, Anerkennung, Nähe und Zuwendung." Irrtum! Ihr Kind hat ein Anrecht darauf, von Ihnen bedingungslos geliebt zu werden – es muss nichts dafür tun. Verkneifen Sie sich also solche Horrorsätze wie: „Nimm erst einmal ab, dann …" oder „Verhalte dich in der von mir gewünschten Weise, dann habe ich dich auch lieb!"

Und belohnen Sie Ihr Kind nicht mit Essen: „Weil du so lieb warst, gibt es heute …".

Essen, machen Sie sich das bitte ganz deutlich, ist ein normaler Vorgang, der dafür sorgt, dass wir genügend Energie haben, um zu leben.

Es ist falsch, das Essen zu problematisieren, aber es ist genau so falsch, daraus jedes Mal ein Fest zu veranstalten.

Essen Sie, wenn Sie Hunger haben.

Das Naschen

Süßigkeiten LOW FETT 30 …

Zugegeben, ohne Süßigkeiten wäre das Leben nur halb so schön. Aber es gibt genügend Süßigkeiten, die LOW FETT 30 sind. Wählen Sie aus unserer Nährwerttabelle aus – es ist wirklich unglaublich, wie viele Möglichkeiten es hier gibt. Aber kombinieren Sie diese süßen Lebensmittel nicht mit fetten Dingen wie Butter, Käse, fetter Wurst, Chips, Sahne.

Fett und Zucker ist die Kombination, aus der fette Menschen gemacht werden: Der Zucker treibt den Insulinspiegel hoch, das gleichzeitig zugeführte Fett kann da-

Bekannte LOW FETT 30-Süßigkeiten:

Smarties, After Eight, Super-Dickmanns, Lakritz, Gummibärchen, Schaumwaffeln, Nappo, Kaubonbons, Marshmallows, Bahlsen „Zoo", Russisch Brot, Akora Herzen, Leibniz Butterkeks, Corny Müsliriegel Banane, Schöller Amarena Cream Eis, McDonalds Eis, Langnese Eis Solero Exotic

mit direkt in die Depots wandern und setzt sich dort fest. Fette Chips mit süßer Limo und frittierte Pommes mit Zuckergetränken gehörten verboten!

... aber nicht vor dem Essen

Schön, wenn Ihre Kinder daran vor lauter Spielen gar nicht denken. Leider ist das die Ausnahme. Auch die Naschereien direkt vor dem Essen bieten in den meisten Familien Zündstoff für heiße Diskussionen. Es ist schwer, Kindern Geduld zu vermitteln: Jetzt Hunger „leiden", weil es „gleich" was zu essen gibt. Wer Hunger hat, hat JETZT Hunger ...

Gegen diese Attacken hilft ein fettarmer Joghurt, eine Aprikose oder eine Mini-Tüte mit Gummibären ... je nachdem, womit sich Ihr Kind zufrieden gibt. Vermeiden Sie große Diskussionen, stopfen Sie dem kleinen Quengler den Schnabel mit einem Häppchen vorab, und schon kann das Mittagessen losgehen.

Bieten Sie Alternativen

Wenn Ihr Kind schon zu dick sein sollte, dann verbieten Sie ihm um Himmels Willen nicht das Essen. Essen an sich ist ja etwas völlig Normales. Je mehr man einem Kind das Essen verbietet, um so schneller wird „Essen" problematisiert.

Schaffen Sie unauffällig Alternativen: Kaufen Sie fettarmes Essen ein, wechseln Sie, wenn Ihr Kind immer Limo getrunken hat, auf Limonade mit Süßstoff und geben Sie Ihrem Kind Kuchen – LOW FETT 30-Kuchen. Es gibt genügend Möglichkeiten. Verbote schaffen nur einen unglaublichen Druck und führen zu Vermeidungs- und Verschleierungsstrategien. Schokolade heimlich zu kaufen ist eine ... und seien Sie sicher: Ihrem Kind fallen „zur Not" noch jede Menge anderer Taktiken ein!

Auch das hat mit dem Essverhalten zu tun

Sich um die Kinder kümmern

Gameboy, Computer, Video und Playstation ersetzen weder Freunde noch das Herumtoben im Freien. Die Beschäftigung mit einem elektronischen Gerät ist kein Ersatz für einen Bastelnachmittag, einen Besuch auf dem Spielplatz oder im Streichelzoo. Auch später, bei größeren Kindern, sind solche Beschäftigungen keine Alternative zu einer Radtour, einem Picknick oder einem Besuch im Freibad.

Sie haben Kinder in die Welt gesetzt, kümmern Sie sich bitte um sie! Nehmen Sie sich Zeit und stehlen Sie sich nicht aus der Verantwortung. Viele dicke Kinder sind zu oft sich selbst überlassen. Und sie essen, weil es ihnen langweilig ist und weil Essen so schön tröstet. Nicht, weil sie Hunger haben. Essen wird zur Ersatzbefriedigung, die jederzeit verfügbar ist.

Schenken Sie Ihrem Kind Nähe, Zuwendung und Liebe, trösten Sie es selbst. Dann wird es auch nicht (so leicht) zum einsamen Frust-Fresser.

Bewegung im Familien-Team

Runter von der Couch – das gilt für die ganze Familie. Aktive, intakte Familien haben weit weniger dicke Kinder als Familien in sozialen Brennpunkten. Übergewicht wird tatsächlich zum Erkennungszeichen der weniger privilegierten Familien. Tun Sie etwas für das Ansehen Ihrer Familie und unternehmen Sie öfter etwas mit Ihren Kindern: Radfahren, Inline-Skaten, Schwimmen oder einfach nur Wandern, solche Freizeitaktivitäten sind nicht teuer (wenn man mal die Grundausstattung dazu hat). Sie halten die ganze Familie zusammen und bilden einen Teil des Rahmens, der für Vertrauen, Rückhalt und Liebe innerhalb einer Familie nötig ist.

Geben Sie mit diesen Aktivitäten Ihren Kindern die Sicherheit, die sie brauchen. Auch wenn Sie noch so viel Geld in Tennisstunden, Reitunterricht und Ballett investieren: SIE sind das Vorbild für Ihre Kinder. Wenn Sie in Ihrer Freizeit nur vor der Glotze sitzen, lernen Ihre Kinder, dass das die richtige, wahre Welt der Erwachsenen ist … und freuen sich auf den Tag, wo sie sich daneben setzen dürfen und nicht mehr beim Sport antraben müssen! Treten Sie Ihren Mann notfalls in den Allerwertesten, damit er sich nicht nur auf der Couch lang macht. Er hat schließlich auch einen Beitrag zu Ihren Kindern geleistet …

Das Taschengeld

Geben Sie Ihren Kindern nicht zu viel Taschengeld. Viele Eltern finden es einfacher, Ihrem Kind 2 Mark pro Tag für die Pause zu spendieren, als ein leckeres Brot und einen Apfel einzupacken. Stimmt: Es ist einfacher und bequemer. Aber „gefährdete" Kinder kaufen sich dafür die Pommes mit Mayo an der Frittenbude plus die Tafel Schokolade und eine Cola. Interessanterweise verfügen – so hat man festgestellt – gerade dicke Kinder häufig über sehr großzügige „Pausenbudgets".

Suchen Sie Rat von Fachleuten

Wenn Ihr Kind bereits zu dick ist, suchen Sie den Rat von Kinderärzten und Familientherapeuten. Irgendetwas läuft da schief, und je eher Sie das Übel erkennen und an der Wurzel packen können, umso besser. Da muss die ganze Familie zusammenhalten – denn ein gesundes, vitales Kind hat nicht nur bessere Schulnoten, mehr Freunde, mehr Anerkennung und bessere Chancen: Es ist auch weit weniger anstrengend als ein ständig nörgelnder, unzufriedener Klops!

Familienprogramm

LOW FETT 30 für alle

Normalerweise ist ein dickes Kind in einer Familie selten allein. Meistens neigt mindestens ein Elternteil ebenfalls zu Übergewicht. Höchste Zeit, die gesamte Ernährung unter die Lupe zu nehmen. Denn auch für Schlanke ist LOW FETT 30 eine gute Entscheidung. Fettarmes Essen schont die Gefäße und kann damit späteren Herz-Kreislauf-Erkrankungen vorbeugen. Es hält vital und fit, erhöht die Leistungsfähigkeit ... und schmeckt toll. Von daher schadet es keineswegs den Schlanken in der Familie, sondern sorgt nur dafür, dass alle gesund bleiben.

Richtlinien für die Fettaufnahme

Erwachsene kommen mit 30 Prozent der Kalorien aus Fett locker aus, normalgewichtige Kinder sollten bis maximal 40 Prozent erhalten, keinesfalls mehr. Ist Ihr Kind bereits zu dick, sind ebenfalls die 30 Prozent angesagt.

Schwierig könnte es werden, wenn Sie einen schlanken, schwer arbeitenden Mann haben, bei dem weder fettes Essen noch große Portionen anschlagen.

Bitten Sie Ihren Mann in Ihrem Interesse und im Interesse Ihrer Kinder darum, sich Kommentare nach „was Anständigem auf dem Teller" zu verkneifen. Wenn er unbedingt die Currywurst mit Pommes zum Überleben braucht, dann sollte er das außerhalb der Sichtweite Ihrer Familie tun. Schließlich hat er ja auch etwas davon, wenn die Familie gut gelaunt, fit und vital ist ... und seine Frau sich wieder schick machen kann, statt sich in Zelten zu verstecken.

Der Vorratsschrank

Die Basics

Nudeln, Magermilch und Flocken, Marmelade, frisches Obst, Magerjoghurt und magerer Schinken, Gürkchen und saure Maiskölbchen, Pommes für den Backofen, Ketchup und fertige Tomatensauce, Kartoffelbrei und Nudelsuppe, Pudding, Grießpudding, rote Grütze … alle diese Nahrungsmittel werden von den meisten Kindern heiß geliebt … und haben wenig, manchmal gar kein Fett.

Und DARAN können sich Ihre Kinder gut satt essen. Zusammen mit den schon erwähnten Obst- und Gemüseknabbereien ist der Grundstock gelegt.

Frisches Obst und frisches Knabbergemüse sollten Sie auch im Hause haben … und für Ihre Kinder immer mundgerecht bereit halten: Apfelscheiben, kleine Möhrchen, Kohlrabi-Stifte – alle diese Leckereien können Sie bedenkenlos essen und essen lassen. Lassen Sie LOW FETT 30-Süßigkeiten wie auch das Obst und das Gemüse offen liegen. Legen Sie keine geheimen Vorräte mit fetten Keksen und Schokolade für besondere Festtage an. Wer nur LOW FETT 30-Süßigkeiten im Haus hat, braucht keine Geheimfächer für verbotene Lustbarkeiten.

Die Dinge, die das Leben versüßen

Das sollte immer im Haus sein

Es gibt Produkte, die Sie nicht ausgehen lassen sollten. Dazu gehören:
Gummibärchen, Marshmallows, Super-Dickmanns und Nappos, Smarties und Leibniz Butterkeks, Ihre Lieblings-LOW FETT 30-Eissorte …

Auch nahezu das gesamte Sortiment von Kelloggs, Kölln Flocken oder Nestlé Flocken ist LOW FETT 30.

Hier ist Vorsicht angesagt

Vorsicht vor unkontrolliertem Konsum von süßen Milchprodukten: Joghurts oder Milchdrinks liefern kaum Ballaststoffe und halten daher nicht lange vor. 500 ml Milchgetränk – in 3 Minuten getrunken – haben so viel Nährwert wie 2 dicke Äpfel und eine Riesenschüssel Cornflakes mit Magermilch. Man braucht wenig Fantasie, um zu erkennen, was länger satt und zufrieden macht.

Veränderungen: JETZT

Ein neues Essverhalten ...

Versuchen Sie die Dinge, die Sie ändern können, JETZT zu ändern. Ab heute, ab der nächsten Minute. Setzen Sie die einzelnen Punkte dann um, wenn sie wieder zur Entscheidung anstehen: beim nächsten Einkaufen von Getränken und von Essen, beim nächsten Kochen, beim nächsten Schulbrot. LOW FETT 30 ist KEINE Diät. Es ist eine leichte Abwandlung Ihrer jetzigen Gewohnheiten. Nicht mehr. Und auch nicht weniger. Es hört nicht irgendwann auf: Wenn Sie es beenden, werden Sie wieder zunehmen. So einfach ist das.

... mit leckeren Rezepten – schnell, einfach und preiswert

Da Zeit überall Mangelware ist, haben wir uns bemüht, Rezepte zu finden, die Ihnen auch Freiräume geben: Aufläufe, die Sie ins Rohr schieben können, wenn Sie Ihr Kind von der Schule abholen müssen. Gerichte, die sich vorkochen lassen, wenn Sie einen Arzttermin haben oder berufstätig sind.
Die Rezepturen sind mit normalen Lebensmitteln erarbeitet ... keine Exoten, die Sie nirgendwo bekommen, wenngleich es zugegebenermaßen einfacher ist, in einem großen, gut bestückten Einkaufscenter einzukaufen, als beim Kaufmann um die Ecke frisches Gemüse zu bekommen. Dennoch: Auch mit preiswerten Produkten lässt sich LOW FETT 30-Küche verwirklichen. Auf's Geld müssen wir ja alle aufpassen!
Außerdem sind die Gerichte einfach: Sie müssen also nicht erst beim Feinschmecker-Guru in die Lehre gehen, um die Rezepte nachkochen zu können.

Das tut Ihnen und der ganzen Familie gut

Entscheiden Sie sich, ob Sie sich – zu Ihrem eigenen Wohl und zum Wohl Ihrer Familie – auf die Veränderungen, die LOW FETT 30 bedeutet, einlassen können und wollen. Und dann tun Sie es einfach. Setzen Sie sich durch, gehen Sie Ihren Weg. LOW FETT 30 ist ein Weg, dessen Wirksamkeit Sie schon in den nächsten Tagen und Wochen spüren werden. Es ist der Weg zu der Figur, die Sie sich wünschen. Ihrer eigenen ... oder der Ihrer Kinder.

Wir wünschen Ihnen dabei viel Erfolg!

Hinweise zu den Rezepten

Zubereitungszeiten

Hier steht die Zeit, die Sie benötigen, um das ganze Gericht zuzubereiten. Sollten dabei längere Zeitspannen auftreten, in denen Sie nichts zu tun haben, so haben wir diese gesondert als Back-, Quell-, Kühlzeit usw. aufgeführt.

Kalorien- und Nährwertangaben

Sie beziehen sich immer auf 1 Portion bzw. 1 Stück des Gerichts. Die Prozentangabe steht für Fettkalorienprozent.

Bei den Nährwertangaben haben wir auch die Kohlenhydratmengen ausgewiesen, um den Lesern, die eine Eiweiß-Formula-Diät unter ärztlicher Aufsicht machen, die Portionsberechnungen zu erleichtern.

Hinweis

Bitte beachten Sie, dass Nährwertangaben je nach Datengrundlage variieren können. Außerdem unterliegen die Inhaltsstoffe ein und desselben Lebensmittels natürlichen Schwankungen. Unsere Angaben sind deshalb als Durchschnittswerte anzusehen.

Zutaten

In unseren Rezepten verwenden wir ausschließlich Eier der Gewichtsklasse M und bei Milch die 1,5%-Variante, bei Quark und Joghurt die Magerversionen. Entsprechend sind unsere Nährwertangaben gerechnet. Wenn nicht anders angegeben, gehen wir bei Obst und Gemüse von ungeputzter Rohware aus. Bei Stückangaben beziehen wir uns auf ein Stück mittlerer Größe.

Die Abkürzungen

Bd.	=	Bund
EL	=	Esslöffel
F.	=	Fett
g	=	Gramm
geh.	=	gehäuft
gek.	=	gekocht
gem.	=	gemahlen
ger.	=	gerieben
getr.	=	getrocknet
kcal	=	Kilokalorien (oder einfach: Kalorien)
kg	=	Kilogramm
l	=	Liter
mind.	=	mindestens
ml	=	Milliliter
Msp.	=	Messerspitze
Pckg.	=	Packung
Pck.	=	Päckchen
TK-	=	Tiefkühl-…

Rezepte

Die nachfolgenden Gerichte haben den „Familientest" mit Bravour bestanden: Höchstnote im Geschmack, total easy in der Vor- und Zubereitung, und sehr empfehlenswert, um auf gesunde Weise überflüssige Pfunde loszuwerden. Überzeugen Sie sich selbst!

Kartoffelsuppe mit Schinken

Für 4 Personen
Zubereitungszeit: ca. 45 Minuten

210 kcal · 4 g Fett · 17 %
34 g Kohlenhydrate

500 g Kartoffeln
1 Stange Lauch
1 Zwiebel
1 Möhre
1 EL Öl
50 g Schinkenwürfel
1 l heiße Fleischbrühe
Salz
Pfeffer
2 Scheiben Mehrkorntoast
2 EL gehackte Petersilie

1. Die Kartoffeln schälen und klein würfeln. Den Lauch putzen, waschen und in Ringe schneiden. Die Zwiebel schälen und fein würfeln. Die Möhre putzen, waschen und ebenfalls fein würfeln.
2. Das Öl in einem Topf erhitzen und die Schinkenwürfel darin auslassen, die Zwiebel und den Lauch zugeben und etwa 5 Minuten mit andünsten.
3. Die Fleischbrühe zugeben und aufkochen lassen. Die Kartoffel- und die Möhrenwürfel in die Brühe geben. Die Suppe salzen und pfeffern und etwa 30 Minuten leicht köcheln lassen.

4. Inzwischen die Toastbrotscheiben toasten und in kleine Würfel schneiden. Vor dem Servieren Brotwürfel und Petersilie über die Suppe streuen.

Möhrencremesuppe

Für 4 Persone
Zubereitungszeit: ca. 35 Minuten

85 kcal · <2 g Fett · 15 %
12 g Kohlenhydrate

500 g Möhren
1 Stange Lauch
½ l Fleischbrühe
¼ l Milch (1,5 % F.)
200 g Dickmilch
Salz
Pfeffer
3 EL gehackte Petersilie

1. Die Möhren putzen, schälen und in dicke Scheiben schneiden. Den Lauch putzen, waschen und in Ringe schneiden.
2. Die Hälfte der Brühe zum Kochen bringen und das Gemüse darin in etwa 10 Minuten weich kochen.
3. Das Gemüse mit dem Passierstab fein pürieren. Das Püree mit der restlichen Fleischbrühe und der Milch verrühren. Die Suppe einmal aufkochen und den Topf von der Kochstelle nehmen.

4. Die Dickmilch unterrühren, die Suppe mit Salz und Pfeffer würzen und abschmecken; vor dem Servieren die Petersilie darüber streuen.
(auf dem Foto)

Andalusischer Suppentopf

Für 4 Personen
Zubereitungszeit: ca. 2¼ Stunden

565 kcal · 17 g Fett · 27 %
40 g Kohlenhydrate

1 Suppenhuhn (1,8 kg)
2 Bd. Suppengrün
2 Knoblauchzehen
Salz
2 große Fleischtomaten
2 Zucchini
1 Gemüsezwiebel
1 TL getr. Oregano
150 g Gabelspaghetti
je 1 rote und grüne
    Paprikaschote
150 g TK-Erbsen
etwas edelsüßes Paprikapulver
einige Tropfen Tabascosauce

1. Das Suppenhuhn kalt waschen, trockentupfen und halbieren. Das Suppengrün putzen, waschen und zerkleinern. Die Knoblauchzehen schälen. Alles zusammen in einem großen Topf mit etwa 2 l Wasser zum Kochen bringen. Salzen und etwa 1½ Stunden leicht kochen lassen.
2. Inzwischen die Tomaten über Kreuz einritzen, kurz überbrühen, enthäuten und in Scheiben schneiden. Die Zucchini waschen, die Enden abschneiden und die Zucchini würfeln. Die Gemüsezwiebel schälen, halbieren und in feine Halbringe schneiden.
3. Das Huhn aus dem Topf nehmen. Die Brühe durch ein Sieb gießen und wieder zum

Kochen bringen. Das vorbereitete Gemüse und den Oregano dazugeben und die Brühe wieder aufkochen lassen.
4. Die Nudeln in die Suppe geben und etwa 8 Minuten garen. Inzwischen die Paprikaschoten waschen, halbieren, entkernen und in feine Streifen schneiden.
5. Das Huhn häuten, das Fleisch von den Knochen lösen. Paprikastreifen, Erbsen und die Fleischstücke in die Suppe geben und 5 Minuten mitgaren. Mit Paprikapulver, Salz und Tabasco abschmecken.
(auf dem Foto)

TIPP:
Dazu passt Baguette.

Gemüsesuppe mit Würstchen

Für 4 Personen
Zubereitungszeit: ca. 25 Minuten

380 kcal · 13 g Fett · 31 %
41 g Kohlenhydrate

2 Stangen Lauch
250 g Möhren
1 l heiße Gemüsebrühe
200 g Hörnchennudeln
Salz
100 g TK-Erbsen
4 Geflügelwiener (à 80 g)
2 EL Schnittlauchröllchen
2 EL gehackte Petersilie

1. Den Lauch putzen, waschen und in Scheiben schneiden. Die Möhren putzen, schälen und in Würfel schneiden.
2. Die Brühe zum Kochen bringen, das Gemüse, die Nudeln und etwas Salz hineingeben und alles bei schwacher Hitze etwa 10 Minuten kochen lassen. Nach etwa 8 Minuten die Erbsen zugeben.

3. Die Würstchen in Scheiben schneiden, in die Suppe geben und heiß werden lassen, nicht mehr kochen. Nach etwa 5 Minuten die Kräuter unterrühren und die Suppe servieren.

TIPP:
Diese Suppe gelingt auch kleinen Köchen.

Wirsing-Nudel-Eintopf

Für 4 Personen
Zubereitungszeit: ca. 50 Minuten

355 kcal · 6 g Fett · 15 %
43 g Kohlenhydrate

500 g Wirsing
400 g Möhren
2 Zwiebeln
2 Knoblauchzehen
1 EL Öl
2 l Fleischbrühe
200 g Vollkornnudeln
250 g gek. Schinken (3 % F.)
Salz
Pfeffer
2 EL gehackte Petersilie
2 EL Schnittlauchröllchen
1 Msp. ger. Muskatnuss
2 EL geröstete Pinienkerne

1. Den Wirsing und die Möhren putzen. Den Wirsing in Blätter zerteilen und diese waschen, die Möhren schälen. Wirsingblätter und Möhren in Streifen schneiden.
2. Die Zwiebeln schälen und fein würfeln, den Knoblauch schälen und pressen. Beides im Öl andünsten. Das Gemüse dazugeben und mitdünsten.
3. Die Brühe angießen, zum Kochen bringen und die Nudeln einstreuen; bei schwacher Hitze etwa 15 Minuten garen.

4. Den Schinken in Würfel schneiden und kurz vor Ende der Garzeit in den Eintopf geben. Den Eintopf mit Salz und Pfeffer abschmecken.
5. Kräuter und Muskat unterrühren. Vor dem Servieren die Pinienkerne über den Eintopf streuen.

Erbseneintopf mit Kasseler

Für 4 Personen
Zubereitungszeit: ca. 50 Minuten

275 kcal · 9 g Fett · 29 %
23 g Kohlenhydrate

1½ l Gemüsebrühe
je 200 g gelbe und
* grüne Schälerbsen*
250 g Kartoffeln
1 Bd. Suppengrün
400 g mageres Kasseler
etwas getr. Majoran
Salz
Pfeffer
2 EL Essig

1. Die Brühe zum Kochen bringen. Die Erbsen zufügen und etwa 45 Minuten in der Brühe köcheln.
2. Die Kartoffeln schälen und in Würfel schneiden. Das Suppengrün waschen, putzen und in Stücke schneiden.

3. Kartoffeln und Gemüse nach etwa 25 Minuten zu den Erbsen geben. Das Kasseler grob würfeln, in den Eintopf geben und heiß werden lassen. Den Eintopf mit Majoran, Salz, Pfeffer und dem Essig würzen.

TIPP:
Schälerbsen sind getrocknete Erbsen, die geschält, geschliffen und poliert werden. Sie schmecken weniger süßlich als die Gartenerbse und sind sehr sättigend.

Kichererbsen-Gemüse-Topf

Für 4 Personen
Zubereitungszeit: ca. 2¼ Stunden
Einweichzeit: über Nacht

310 kcal · 10 g Fett · 29 %
39 g Kohlenhydrate

200 g Kichererbsen
750 g Tomaten
1 Aubergine
2 Zucchini
2 grüne Paprikaschoten
2 Zwiebeln
3 Knoblauchzehen
2 Zweige Thymian
1 TL Salz, etwas Pfeffer
3 EL Öl

1. Die Kichererbsen über Nacht in kaltem Wasser einweichen. Am nächsten Tag das Wasser mit den Kichererbsen zum Kochen bringen, die Kichererbsen etwa 1½ Stunden garen, dann in ein Sieb abgießen.
2. Die Tomaten über Kreuz einritzen, kurz überbrühen, enthäuten und grob hacken. Das übrige Gemüse waschen, putzen und in Würfel schneiden. Die Zwiebeln schälen und würfeln, Knoblauch schälen und pressen. Den

Thymian waschen und die Blättchen abzupfen.
3. Alle vorbereiteten Zutaten zusammen mit den Kichererbsen lagenweise in einen großen Topf schichten. Mit Salz und Pfeffer würzen. Das Öl darüber träufeln und das Kichererbsen-Gemüse im geschlossenen Topf bei milder Hitze 45 Minuten garen.

TIPP:
Dazu passt Ciabatta.

Curryreissalat

Für 4 Personen
Zubereitungszeit:
ca. 30 Minuten
Zeit zum Durchziehen:
ca. 15 Minuten

565 kcal · 10 g Fett · 16 %
104 g Kohlenhydrate

350 g Langkorn-Naturreis
Salz
½ frische Ananas
3 große Bananen
50 g Rosinen
50 g Mandelstifte

300 g Joghurt (1,5 % F.)
1 EL Currypulver
1 EL Honig
4 EL Zitronensaft
etwas Meersalz
etwas Senfpulver

1. Den Reis in Salzwasser in etwa 20 Minuten gar kochen, abgießen, kalt abspülen, abtropfen lassen.
2. Die Ananashälfte schälen, längs halbieren und den harten Kern herausschneiden.

Die Bananen schälen. Beides in kleine Stücke schneiden. Den Reis mit Ananas, Bananen, Rosinen und Mandeln mischen.
3. Den Joghurt mit Currypulver, Honig, Zitronensaft, etwas Meersalz und Senfpulver verrühren, abschmecken.
4. Die Salatzutaten mit der Sauce vermengen und den Reissalat anschließend etwa 15 Minuten durchziehen lassen.

Bunter Reissalat

Für 4 Personen
Zubereitungszeit: ca. 20 Minuten
Zeit zum Durchziehen:
ca. 15 Minuten

275 kcal · 8 g Fett · 26 %
44 g Kohlenhydrate

200 g Reis
Salz
1 kleine Salatgurke
2 rote Paprikaschoten
3 Frühlingszwiebeln
1 Knoblauchzehe
3 EL milder Kräuteressig
Pfeffer
3 EL Olivenöl
1 Bd. Petersilie

1. Den Reis in reichlich Salzwasser etwa 15 Minuten kochen, abgießen, abschrecken und gut abtropfen lassen.
2. Die Gurke waschen, längs halbieren und dann quer in Scheiben schneiden. Die Paprikaschoten waschen, halbieren, entkernen und in feine Würfel schneiden. Die Frühlingszwiebeln putzen, waschen und schräg in Ringe schneiden.
3. Die Knoblauchzehe schälen. Den Essig in ein Schälchen geben und den Knoblauch dazupressen.

Alles gut verrühren, die Sauce mit Salz und Pfeffer würzen und das Öl darunter schlagen.
4. Die Salatzutaten in einer großen Schüssel miteinander vermischen. Die Sauce auf den Salat träufeln und den Reissalat etwa 15 Minuten durchziehen lassen. Die Petersilie waschen, trockenschütteln und fein hacken. Den Salat vor dem Servieren mit der Petersilie bestreuen. (auf dem Foto)

Kartoffelsalat mit Staudensellerie

Für 4 Personen
Zubereitungszeit: ca. 40 Minuten
Zeit zum Durchziehen:
ca. 2 Stunden

235 kcal · 4 g Fett · 15 %
42 g Kohlenhydrate

1 kg fest kochende Kartoffeln
¾ l Hühnerbrühe
5 EL Salatcreme (20 % F.)
½ TL Rotweinessig
½ TL Zitronensaft
2 EL süßer Senf
3 EL Joghurt (1,5 % F.)
1 Bd. Dill
Salz
Pfeffer
300 g Staudensellerie
2 rote Zwiebeln
3 EL Schnittlauchröllchen

1. Die Kartoffeln schälen und in Scheiben schneiden. Die Kartoffelscheiben in der Hühnerbrühe etwa 20 Minuten garen, abgießen, abtropfen und abkühlen lassen.
2. Die Salatcreme mit Rotweinessig, Zitronensaft, Senf und Joghurt gut verrühren. Den Dill waschen, trockentupfen, klein hacken und unterrühren. Das Dressing mit Salz und Pfeffer abschmecken.
3. Den Staudensellerie putzen, waschen und in feine Scheiben schneiden. Die Zwiebeln schälen und in Ringe schneiden.

4. Die Kartoffelscheiben mit Sellerie, Zwiebeln und den Schnittlauchröllchen in einer Schüssel vermischen.
5. Die Salatcreme über die Kartoffeln geben, alles gut vermischen und den Kartoffelsalat etwa 2 Stunden im Kühlschrank durchziehen lassen. (auf dem Foto)

Nudelsalat mit Schafskäse

Für 4 Personen
Zubereitungszeit: ca. 20 Minuten

610 kcal · 14 g Fett · 21 %
98 g Kohlenhydrate

500 g Penne (eifrei)
Salz
2 rote Zwiebeln
1 kleine Salatgurke
100 g Schafskäse
2 rote Peperoni
1 EL milder Senf
4 EL milder Weißweinessig
100 ml Gemüsebrühe

3 EL Olivenöl
10 grüne Oliven
Pfeffer
1 Prise Zucker
½ Bd. Thymian

1. Die Nudeln nach Packungsanweisung bissfest kochen, abgießen, kalt abschrecken und abtropfen lassen.
2. Die Zwiebeln schälen und in Spalten schneiden. Die Gurke schälen, längs halbieren, entkernen und in Scheiben schneiden.

3. Den Schafskäse würfeln, die Peperoni waschen, entkernen und in Ringe schneiden. Senf, Essig, Brühe, Öl verrühren und die Sauce mit Salz, Pfeffer und Zucker abschmecken.
4. Den Thymian waschen und trockentupfen, die Blättchen abzupfen und hacken. Alle Zutaten miteinander vermischen und den Nudelsalat etwas durchziehen lassen.

Eisbergsalat mit Kefirdressing

Für 4 Personen
Zubereitungszeit: ca. 15 Minuten

55 kcal · <2 g Fett · 26 %
5 g Kohlenhydrate

1 Eisbergsalat
300 g Kefir (1,5 % F.)
4 EL Tomatenketchup
Salz
weißer Pfeffer
1 TL Worcestersauce

1. Die äußeren Blätter vom Eisbergsalat entfernen. Den Salatkopf vierteln und dann jedes Viertel quer in Streifen schneiden. Die Salatstreifen kurz waschen und trockenschleudern.

2. Für das Dressing Kefir, Tomatenketchup, Salz, Pfeffer und Worcestersauce gut miteinander vermischen. Das Ganze erst kurz vor dem Servieren auf den Salat geben.

TIPP:
Einheimischen Eisbergsalat gibt es von Mitte April bis Oktober. Passende Kräuter: Kerbel und Petersilie.

Kartoffeln mit Radieschen in Vinaigrette

Für 4 Personen
Zubereitungszeit: ca. 20 Minuten
Zeit zum Durchziehen:
ca. 60 Minuten

445 kcal · 13 g Fett · 26 %
54 g Kohlenhydrate

2 Gewürzgurken
1 Bd. Radieschen
1 hart gekochtes Ei
300 g Pellkartoffeln
1 EL Schnittlauchröllchen
1 EL gehackte Petersilie
1 Zwiebel
1 TL Olivenöl
1 TL Senf
150 ml Gemüsebrühe

1 EL Gurkenessig
Salz
Pfeffer
1 Prise Zucker

1. Die Gewürzgurke in Würfel schneiden. Die Radieschen putzen, waschen und in dünne Scheiben schneiden. Das Ei pellen und mit einem Eischneider in Würfel schneiden.

2. Die Kartoffeln pellen und in fingerdicke Scheiben schneiden. Kartoffeln, Ei, Radieschen, Schnittlauch und Petersilie in eine Schüssel geben.

3. Die Zwiebel schälen und würfeln. Das Öl in einem Topf erhitzen und die Zwiebelwürfel darin glasig dünsten, den Senf zugeben und 1 Minute mitdünsten. Die Gemüsebrühe und den Essig angießen. Alles aufkochen lassen und mit Salz, Pfeffer und dem Zucker abschmecken.

4. Die heiße Brühe über die kalten Kartoffeln geben. Die Zutaten gut vermengen; vor dem Servieren etwa 1 Stunde ziehen lassen.

Chinakohlsalat mit Mandarinen

Chinakohlsalat mit Mandarinen

Für 4 Personen
Zubereitungszeit: ca. 10 Minuten
Zeit zum Durchziehen:
ca. 15 Minuten

80 kcal · <2 g Fett · 18 %
12 g Kohlenhydrate

1 Chinakohl
1 Dose Mandarinenschnitze
*   (175 g Einwaage)*
300 g Joghurt (1,5 % F.)
etwas Currypulver
Salz
weißer Pfeffer
1 TL Zucker

1. Vom Chinakohl die äuße-ren Blätter entfernen. Die übrigen Chinakohlblätter ab-lösen, gut waschen, trocken-schleudern und in Streifen schneiden.
2. Die Mandarinen abtropfen lassen, den Saft auffangen. Joghurt, etwas Currypulver, Salz, Pfeffer, den Zucker und 2 EL Mandarinensaft mitei-nander verrühren.

3. Das Dressing über den Sa-lat geben und alles gut vermi-schen. Die Mandarinen-schnitzchen vorsichtig unter-heben und den Salat bis zum Servieren etwa 15 Minuten durchziehen lassen.

Korkenziehernudeln mit Rinderfiletstreifen

Für 4 Personen
Zubereitungszeit: ca. 40 Minuten

595 kcal · 10 g Fett · 15 %
79 g Kohlenhydrate

400 g Rinderfilet
4 EL Sojasauce
2 EL Sherry
1 Stange Lauch
250 g Egerlinge
400 g Korkziehernudeln (eifrei)
Salz
2 EL Sonnenblumenöl
1 TL frisch gehackte
 Ingwerwurzel
200 ml Weißwein
Pfeffer
½ Bd. Schnittlauch

1. Das Fleisch kalt abspülen, trockentupfen, in hauchdünne Scheiben schneiden und in der Sojasauce und dem Sherry 20 Minuten marinieren.
2. Den Lauch putzen, waschen und in 2 cm lange Stücke schneiden. Die Egerlinge putzen und in Scheiben schneiden.
3. Die Nudeln nach Packungsanweisung in Salzwasser bissfest kochen, abgießen und abschrecken.
4. 1 EL Öl in einer beschichteten Pfanne erhitzen und die Filetscheiben darin portionsweise in etwa 1 Minute anbraten, herausnehmen und warm stellen.
5. Im restlichen Öl Lauch, Pilze und Ingwer knackig anbraten und mit dem Weißwein ablöschen. Das Fleisch zum Gemüse geben, alles mit Salz und Pfeffer abschmecken.
6. Den Schnittlauch waschen, trockentupfen und in Röllchen schneiden. Das Gemüse-Fleisch auf den Nudeln anrichten und mit Schnittlauch garnieren.
(auf dem Foto)

Feiner Hackbraten

Für 4 Personen
Zubereitungszeit: ca. 60 Minuten

620 kcal · 20 g Fett · 29 %
66 g Kohlenhydrate

250 g Kartoffeln, Salz
1 Zwiebel
1 Knoblauchzehe
2 Möhren
500 g Rinderhackfleisch
50 g Semmelbrösel
50 g Magerquark
1 Ei, 2 EL Senf
1 TL edelsüßes Paprikapulver
Pfeffer
250 g Nudeln
1 Pckg. Bratensauce
 für ¼ l Wasser

1. Die Kartoffeln schälen, in Salzwasser gar kochen, abgießen und durch die Kartoffelpresse drücken. Den Backofen auf 180 °C vorheizen.
2. Zwiebel und Knoblauch schälen und fein würfeln. Die Möhren putzen, schälen und raspeln. Das Hackfleisch in eine Schüssel geben, mit Zwiebeln, Knoblauch, Möhren, Semmelbröseln, Quark, Ei, Senf und dem Kartoffelmus vermischen.
3. Die Hackfleischmasse mit Paprikapulver, Salz und Pfeffer pikant würzen. Aus der Fleischmasse einen Laib formen und den Hackbraten auf ein mit Cross&Frit-Papier belegtes Backblech setzen; im heißen Ofen auf der mittleren Schiene etwa 30 Minuten backen.
4. Inzwischen die Nudeln und der die Bratensauce nach der Packungsanweisung kochen und alles zusammen servieren.

Hackfleischpfanne mit Weizen

Für 4 Personen
Zubereitungszeit: ca. 30 Minuten

450 kcal · 15 g Fett · 30 %
45 g Kohlenhydrate

200 g Hartweizen, vorgekocht
   (z. B. von Ebly)
Salz
1 Zwiebel
1 Knoblauchzehe
1 Möhre
1 Zucchini
1 kleine Dose Mais
(285 g Abtropfgewicht)
1 Paprikaschote
400 g Rinderhackfleisch
Pfeffer
1 TL getr. Oregano
1 EL gehackte Petersilie

1. Den Weizen nach Packungsanweisung in Salzwasser etwa 15 Minuten kochen, ab-
gießen und abtropfen lassen.
2. Inzwischen die Zwiebel
schälen und fein würfeln.
Den Knoblauch schälen und
pressen. Die Möhre putzen,
waschen und in etwa 3 cm
lange Stifte schneiden.
3. Die Zucchini waschen
und die Enden abschneiden.
Die Zucchini der Länge nach
vierteln und quer in kleine
Stücke schneiden. Den Mais
abtropfen lassen. Die Paprikaschote waschen, halbieren,
entkernen und in Würfel
schneiden.
4. Das Hackfleisch in einer
beschichteten Pfanne ohne

Fett krümelig braten. Nach
etwa 5 Minuten Zwiebeln
und Knoblauch dazugeben
und mitbraten. Das Hack-
fleisch mit Salz, Pfeffer und
Oregano würzen.
5. Möhrenstifte und Paprikawürfel zufügen und alles Weitere 3 Minuten dünsten. Die
Zucchini untermischen und
nach etwa 2 Minuten den
Mais dazugeben. Alles gut
vermengen und weitere 3 Minuten unter Rühren braten.
6. Den abgetropften Wei-
zen in die Pfanne geben, mit
der Hackfleisch-Gemüse-Mi-
schung vermengen und warm
werden lassen. Das Gericht
vor dem Servieren mit Petersilie bestreuen.

Spaghetti Bolognese

Für 4 Personen
Zubereitungszeit: ca. 60 Minuten

760 kcal · 19 g Fett · 23 %
102 Kohlenhydrate

1 Zwiebel
1 Knoblauchzehe
1 Möhre
500 g Rinderhackfleisch
Salz
Pfeffer
200 ml Gemüsebrühe
1 kleine Dose Tomatenmark
   (40 g)
1 TL getr. Oregano

1 Pckg. Tomatenstücke mit
   Kräutern (400 g)
2 EL Tomatenketchup
500 g Spaghetti

1. Die Zwiebel und den Knoblauch schälen und fein würfeln. Die Möhre putzen,
schälen und ebenfalls in feine
Würfel schneiden.
2. Das Hackfleisch in eine beschichtete Pfanne geben,
langsam erhitzen und im eigenen Fett unter Rühren anbraten, dann salzen und pfef-

fern. Zwiebeln, Knoblauch
und Möhren dazugeben und
kurz mitbraten.
3. Den Pfanneninhalt mit der
Brühe ablöschen, Tomaten-
mark, Oregano, die Tomatenstücke und das Ketchup unterrühren. Alles aufkochen
und etwa 40 Minuten offen
einkochen lassen.
4. Die Spaghetti in Salzwasser bissfest kochen, abgießen, abschrecken und mit der
Hackfleischsauce servieren.
(auf dem Foto)

Kalbsbraten mit Bandnudeln

Für 4 Personen
Zubereitungszeit: ca. 1¼ Stunden

490 kcal · 7 g Fett · 13 %
53 g Kohlenhydrate

1 Knoblauchzehe
1 EL mittelscharfer Senf
etwas getr. Rosmarin
etwas getr. Thymian
Salz
Pfeffer
800 g magerer Kalbsbraten
2 EL Öl
1 Grapefruit
¼ l Fleischbrühe
1 Lorbeerblatt
250 g Bandnudeln
1 EL heller Saucenbinder

1. Die Knoblauchzehe schälen und pressen, mit Senf, Rosmarin, Thymian, etwas Salz und Pfeffer vermischen. Das Fleisch kalt abspülen, trockentupfen und mit dieser Paste einreiben. Den Backofen auf 180 °C vorheizen.
2. Das Öl in einem beschichteten Bräter erhitzen und das Fleisch darin von allen Seiten gut anbraten.
3. Die Grapefruit auspressen und die Hälfte des Saftes und die Brühe zum Braten gießen. Das Lorbeerblatt zugeben.

4. Den Braten im heißen Ofen auf der mittleren Schiene etwa 1 Stunde schmoren, gelegentlich mit dem Bratensaft begießen.
5. Inzwischen die Nudeln in reichlich Salzwasser nach Packungsanweisung kochen, abgießen, abtropfen lassen und warm halten.
6. Den Braten aus dem Ofen nehmen. Die Bratensauce durch ein feines Sieb in einen kleinen Topf gießen, mit dem restlichen Grapefruitsaft aufkochen, mit Salz und Pfeffer abschmecken und mit dem Saucenbinder andicken.

Gemüsereis mit Schinken

Für 4 Personen
Zubereitungszeit: ca. 50 Minuten

375 kcal · 8 g Fett · 19 %
49 g Kohlenhydrate

1 Gemüsezwiebel
2 Knoblauchzehen
1 Möhre
200 g gek. Schinken (3 % F.)
150 g Champignons
250 g Tomaten, 1 EL Öl
200 g Reis, 100 g TK-Erbsen
½ l heiße Gemüsebrühe
einige Safranfäden
Salz
5 EL ger. Parmesan
2 EL gehackte Petersilie

1. Die Zwiebel und den Knoblauch schälen und fein hacken. Die Möhre putzen, schälen und in feine Scheiben schneiden. Den Schinken würfeln.
2. Die Champignons putzen und vierteln. Die Tomaten über Kreuz einritzen, kurz überbrühen, enthäuten und klein schneiden.
3. Das Öl erhitzen und Zwiebel und Knoblauch darin glasig dünsten. Den Reis und den Schinken dazugeben und anschwitzen. Möhrenscheiben, Champignons, Tomaten

und die (unaufgetauten) Erbsen hinzufügen; mit der Brühe aufgießen. Safran und etwas Salz unterrühren.
4. Den Gemüsereis zugedeckt bei schwacher Hitze knapp 20 Minuten garen, den Parmesan unterrühren und den Reis weitere 10 Minuten garen. Eventuell noch etwas Brühe nachgießen. Den Gemüsereis mit der Petersilie bestreut servieren.

Süßsaures Fondue

Für 4 Personen
Zubereitungszeit: ca. 35 Minuten
(ohne das Garen bei Tisch)

555 kcal · 5 g Fett · 8 %
78 g Kohlenhydrate

200 g Reis
Salz
600 g verschiedenfarbige
   Paprikaschoten
1 Dose Ananas
   (580 g Einwaage)
¼ l Weißweinessig
2 EL Sojasauce
1–2 TL Speisestärke
1 TL brauner Zucker
3 EL chinesische Chilisauce
800 g Schweinefilet

1. Den Reis in Salzwasser in etwa 20 Minuten gar kochen.
2. Die Paprikaschoten entkernen, klein schneiden und in kochendem Wasser etwa 3 Minuten blanchieren. Kurz unter eiskaltes Wasser halten und gut abtropfen lassen.
3. Die Ananasstücke gut abtropfen lassen, den Saft auffangen. Paprika- und Ananasstücke auf eine Servierplatte legen. Den Ananassaft mit Wasser auf 375 ml auffüllen.
4. Den Essig mit dem Ananassaft und der Sojasauce in den Fonduetopf geben und auf der Herdplatte erhitzen. Die Speisestärke mit etwas kaltem

Wasser glatt rühren, in die Flüssigkeit geben und aufkochen lassen.
5. Die Flüssigkeit mit dem Zucker und der Chilisauce süßsauer abschmecken. Den Fonduetopf mit dem Rechaud auf den Esstisch stellen, die Flüssigkeit sollte immer leise köcheln.
6. Das Schweinefilet kalt abspülen, trockentupfen, von Haut und Sehnenresten befreien und in feine Streifen schneiden. Fleisch, Ananasstücke und Paprikawürfel zusammen auf Fonduegabeln stecken und in der Sauce garen. Den Reis dazu servieren.

Schweinemedaillons mit Orangensauce

Für 4 Personen
Zubereitungszeit: ca. 25 Minuten
Marinierzeit: ca. 60 Minuten

480 kcal · 9 g Fett · 17 %
58 g Kohlenhydrate

600 g Schweinefilet
4 Orangen
2 Knoblauchzehen
2 EL Sojasauce
5 TL Öl
250 g Bandnudeln
Salz
¼ l Brühe
1 TL Saucenbinder

1. Das Schweinefilet kalt abspülen, trockentupfen und in Medaillons schneiden. Die Orangen filetieren, aus den Resten den Saft ausdrücken und auffangen.
2. Die Knoblauchzehen schälen und pressen, mit Orangensaft, Sojasauce und 4 TL Öl verrühren. Die Medaillons in dieser Marinade etwa 1 Stunde marinieren.
3. Die Bandnudeln in Salzwasser bissfest kochen, abgießen und abtropfen lassen.
4. Eine beschichtete Pfanne mit dem restlichen Öl auspinseln und die abgetropften Medaillons darin von beiden Seiten braten, herausnehmen und warm stellen.
5. Den Bratfond in der Pfanne mit der Brühe und der restlichen Marinade ablöschen, aufkochen lassen und mit Saucenbinder andicken. Das Fleisch und die Orangenfilets in die Sauce geben und mit den Nudeln servieren.
(auf dem Foto)

Fleischspieße mit Sauerkraut auf asiatische Art

Für 4 Personen
Zubereitungszeit: ca. 25 Minuten
Marinierzeit: ca. 30 Minuten

430 kcal · 12 g Fett · 25 %
55 g Kohlenhydrate

2 Knoblauchzehen
4 EL Mangochutney
3 EL Sesamöl
1 TL grob geschroteter bunter Pfeffer
Salz
je 1 kleine rote und grüne Paprikaschote
300 g Schweinefilet
200 g Basmati & Thai-Reis (oder Jasmin-Reis)
2 EL Rosinen
1 kleine Dose Sauerkraut (550 g)
1 Glas (350 g) Uncle Ben's Fix für Fleischpfanne „Chinesisch süßsauer"
etwas Zucker

1. Die Knoblauchzehen schälen und pressen, mit dem Mangochutney, dem Sesamöl, dem Pfeffer und etwas Salz verrühren und pürieren.
2. Die Paprikaschoten waschen, halbieren, entkernen und in breite Streifen schneiden. Das Schweinefilet kalt abspülen, trockentupfen und in lange Streifen schneiden. Die Fleischstreifen mit den Paprikastücken wellig auf Spieße stecken.
3. Die Spieße mit der Marinade bestreichen und 30 Minuten durchziehen lassen. Inzwischen den Reis mit den Rosinen nach Packungsanweisung garen.
4. Die Fleischspieße in einer beschichteten Pfanne von beiden Seiten braten.
5. Das Sauerkraut mit dem Fix für die Fleischpfanne erhitzen, mit etwas Salz und Zucker abschmecken.
6. Die fertigen Fleischspieße mit dem Sauerkraut und dem gekochten Rosinen-Reis servieren.

Kasseler mit Kürbisgemüse

Für 4 Personen
Zubereitungszeit: ca. 60 Minuten

305 kcal · 8 g Fett · 24 %
21 g Kohlenhydrate

300 g Kürbisfleisch
400 g Kartoffeln
2 Zwiebeln
2 EL Öl
½ l Fleischbrühe
Pfeffer
2 Lorbeerblätter
1 Bd. glatte Petersilie
50 ml Apfelessig
4 Scheiben Kasseler

1. Das Kürbisfleisch in mundgerechte Stücke schneiden. Die Kartoffeln schälen und ebenfalls in Stücke schneiden.
2. Die Zwiebeln schälen, grob würfeln und im Öl andünsten. Kartoffel- und Kürbisstücke dazugeben und 5 bis 10 Minuten mitdünsten.
3. Die Brühe angießen, das Gemüse mit Pfeffer abschmecken, die Lorbeerblätter zufügen. Alles bei schwacher Hitze etwa 20 Minuten kochen.

4. Die Petersilie waschen, trockentupfen und hacken; zusammen mit dem Apfelessig unter das Gemüse rühren.
5. Die Kasselerscheiben auf das Gemüse legen und etwa 10 Minuten erwärmen. (auf dem Foto)

Mediterraner Schmortopf

Für 4 Personen
Zubereitungszeit: ca. 20 Minuten
Schmorzeit: ca. 3 Stunden

205 kcal · 4 g Fett · 18 %
10 g Kohlenhydrate

600 g mageres Gulasch,
    halb und halb
4 Schalotten
2 Knoblauchzehen
2 Möhren
500 g Tomatenstücke (frisch
    oder aus der Packung)
40 g Tomatenmark
1 TL getr. Thymian
1 TL getr. Oregano

1 EL gekörnte Brühe
Salz,
Pfeffer

1. Das Fleisch kalt abspülen, trockentupfen und in einen Bräter geben. Den Backofen auf 160 °C vorheizen.
2. Die Schalotten schälen und vierteln, den Knoblauch schälen und fein hacken. Die Möhren putzen, schälen und grob würfeln. Alles zum Fleisch geben.
3. Tomatenstücke und Tomatenmark, Thymian, Oregano, gekörnte Brühe und 50 ml

Wasser hinzufügen. Alles kräftig salzen und pfeffern und gut miteinander vermischen.
4. Den Bräter in den heißen Ofen stellen und das Gericht auf der mittleren Schiene etwa 3 Stunden schmoren.

TIPPS:
Dazu passen Reis, Nudeln oder Kartoffelklöße. Man kann zusätzlich auch noch Paprikaschoten in den Schmortopf geben.

Kartoffelklöße mit Schinkenfüllung

Für 4 Personen
Zubereitungszeit: ca. 60 Minuten
Kühlzeit: über Nacht
+ ca. 30 Minuten

555 kcal · 7 g Fett · 11 %
84 g Kohlenhydrate

1,25 kg Kartoffeln
200 g Mehl
3 Eier
1 TL Salz
Pfeffer
etwas ger. Muskatnuss
2 Zwiebeln
200 g magere Schinkenwürfel
1 Bd. Majoran
Mehl für Arbeitsfläche und
    Hände

1. Am Vortag die Kartoffeln gründlich waschen oder abbürsten, in der Schale in wenig Wasser gar kochen und anschließend pellen. Die Kartoffeln abdecken und über Nacht kühl stellen.

2. Am nächsten Tag die Kartoffeln durch die Kartoffelpresse drücken und mit Mehl, Eiern, dem Salz, etwas Pfeffer und Muskat zu einem Teig verkneten. Diesen zugedeckt etwa 30 Minuten kalt stellen.

3. Inzwischen die Zwiebeln schälen und fein würfeln. Die Schinkenwürfel in der Pfanne etwas auslassen, die Zwiebelwürfel dazugeben und alles kurz braten; die Pfanne von der Kochstelle nehmen.

4. Den Majoran waschen, trockentupfen, die Blättchen abzupfen und in die Pfanne zu den Schinkenwürfeln geben.

5. Den Kartoffelteig auf der bemehlten Arbeitsfläche zu einer Rolle von etwa 40 cm Länge formen. Die Rolle in 12 gleich große Stücke teilen und mit bemehlten Händen zu etwa handgroßen Fladen formen.

6. Reichlich Salzwasser in einem großen Topf zum Kochen bringen. Auf jeden Fladen ½ EL Füllung geben und die Fladen zu Klößen formen. Die Klöße sofort in das kochende Wasser geben und 25 bis 30 Minuten darin garen – das Wasser sollte nur sieden.

7. Die fertig gegarten Klöße mit einer Schaumkelle aus dem Wasser heben und servieren.

TIPPS:
Dazu passt eine Joghurt-Kräuter-Sauce oder eine fettarme Instant-Bratensauce. Wenn's schnell gehen soll, verwenden Sie für dieses Rezept fertigen frischen Kartoffelkloßteig, (z. B. von Henglein). Funktioniert prima und ist LOW FETT 30.

Putengulasch mit Klößen

Für 4 Personen
Zubereitungszeit: ca. 1¼ Stunden

370 kcal · 9 g Fett · 22 %
37 g Kohlenhydrate

4 Zwiebeln
2 Knoblauchzehen
500 g verschiedenfarbige
  Paprikaschoten
400 g Putengulasch
1 EL Öl
2 EL Tomatenmark
2 TL edelsüßes Paprikapulver
½ l Geflügelbrühe

Salz
1 Prise Zucker
1 Pckg. Kartoffelkloßteig (750 g)

1. Zwiebeln und Knoblauch schälen und fein würfeln. Die Paprikaschoten waschen, halbieren, entkernen und würfeln.
2. Das Fleisch kalt abspülen und trockentupfen. Das Öl in einer beschichteten Pfanne erhitzen und das Fleisch darin portionsweise anbraten.
3. Zwiebeln und Knoblauch dazugeben, Tomatenmark und Paprikapulver unterrühren und die Brühe angießen. Alles aufkochen lassen und das Fleisch etwa 30 Minuten schmoren. Das Gulasch mit etwas Salz und Zucker abschmecken.
4. Den Kloßteig nach Packungsanweisung zubereiten und die Klöße kochen; abtropfen lassen und zum Gulasch servieren.

Chinesische Reispfanne

Für 4 Portionen
Zubereitungszeit: ca. 30 Minuten

425 kcal · 7 g Fett · 15 %
46 g Kohlenhydrate

4 Beutel Langkornreis (250 g)
Salz
500 g Hähnchenbrust
1 Zwiebel
1 Knoblauchzehe
1 rote Paprikaschote
2 EL Öl
150 g TK-Erbsen
150 g Krabbenfleisch
2 EL Sojasauce
Pfeffer, 1 Zitrone

1. Den Reis nach Packungsanweisung gar kochen, abgießen und warm halten.
2. Die Hähnchenbrust kalt abspülen, trockentupfen und in Streifen schneiden. Zwiebel und Knoblauch schälen und fein würfeln. Die Paprikaschote waschen, halbieren, entkernen und in Streifen schneiden.
3. Zwiebel und Knoblauch im Öl glasig dünsten. Das Fleisch dazugeben und unter Rühren anbraten.
4. Paprikastreifen und Erbsen zufügen und alles etwa 10 Minuten schmoren lassen. Dann den Reis unterrühren. Die Reispfanne mit Sojasauce, Salz und Pfeffer abschmecken.
5. Das Krabbenfleisch unterheben und das Ganze warm werden lassen. Zum Schluss die Zitrone waschen, trocknen und in Scheiben schneiden, die Reispfanne mit den Zitronenscheiben garniert servieren.

Putenragout mit Gemüse

Putenragout mit Gemüse

Für 4 Personen
Zubereitungszeit: ca. 45 Minuten

395 kcal · 13 g Fett · 30 %
31 g Kohlenhydrate

100 g Möhren
100 g Zuckerschoten
500 g Putengulasch
1 EL Öl
Salz, Pfeffer
300 ml Geflügelbrühe
500 g frische Spätzle
1 EL Butter
3 EL Mehl
100 ml Milch (1,5 % F.)
½ TL Currypulver

1. Die Möhren putzen, schälen und längs in dünne Streifen schneiden. Die Zuckerschoten putzen, waschen und schräg in Stücke schneiden.
2. Das Fleisch kalt abspülen, trockentupfen und in einer beschichteten Pfanne im heißen Öl von allen Seiten anbraten, dann salzen und pfeffern. Das Gemüse zugeben, 100 ml Brühe angießen und alles etwa 8 Minuten leise köcheln lassen.

3. Inzwischen die Spätzle nach Packungsanweisung kochen.
4. In einem kleinen Topf die Butter zerlassen und das Mehl darin anschwitzen. Anschließend die restliche Brühe und die Milch unter Rühren angießen. Die Sauce mit dem Currypulver würzen und das Ganze gut durchkochen lassen, bis sie sämig ist. Die Spätzle mit der Sauce zum Putenragout servieren.

Karibischer Hähnchenauflauf

Für 4 Personen
Zubereitungszeit: ca. 40 Minuten
Backzeit: ca. 45 Minuten

880 kcal · 22 g Fett · 23 %
105 g Kohlenhydrate

4 Hähnchenkeulen
Salz
Pfeffer
1 Zwiebel
2 Knoblauchzehen
1 EL Öl
2 EL Currypulver
200 g Reis
½ l Hühnerbrühe
1 Papaya
1 Mango
1 Bd. Frühlingszwiebeln
1 Dose Kidneybohnen (420 g)
200 g geschälte Garnelen
etwas Chilipulver

1. Die Hähnchenkeulen kalt abspülen, trockentupfen und mit Salz und Pfeffer würzen. Zwiebel und Knoblauch schälen. Die Zwiebel in Ringe schneiden, den Knoblauch fein würfeln.

2. Zwiebeln und Knoblauch in 1 EL Öl anbraten und mit Currypulver bestreuen. Dann den Reis hinzufügen, alles gut verrühren, den Reis kurz anschwitzen, mit der Brühe ablöschen, die Brühe aufkochen und den Reis in etwa 20 Minuten gar kochen.

3. Papaya und Mango schälen, die Papaya halbieren und die schwarzen Samen herauskratzen, die Mango vom Stein lösen, das Fruchtfleisch in Würfel schneiden. Die Frühlingszwiebeln putzen, waschen und in etwa 2 cm lange Stücke schneiden. Den Backofen auf 200 °C vorheizen.

4. Den Reis mit der Flüssigkeit in eine große Auflaufform füllen. Die Bohnen mit der Flüssigkeit, die Früchtewürfel, Frühlingszwiebeln und die Garnelen unter den Reis mischen. Alles mit Salz, Pfeffer und Chilipulver würzen.

5. Die Hähnchenkeulen auf den Reis legen und den Auflauf im heißen Ofen auf der mittleren Schiene etwa 45 Minuten backen.

TIPP:

Sollten Ihre Kinder keine Garnelen mögen, so können Sie diese einfach weglassen oder durch 200 g gewürfelten gekochten Schinken (0,3 % F.) ersetzen.

Hähnchen-Gemüse-Auflauf

Für 4 Personen
Zubereitungszeit: ca. 30 Minuten
Backzeit: ca. 40 Minuten

535 kcal · 16 g Fett · 27 %
43 g Kohlenhydrate

150 g Reis
Salz
300 g Hähnchenbrust
1 EL Öl
200 g Zuckerschoten
1 Zwiebel
1 Knoblauchzehe
200 g Zucchini
Pfeffer
etwas ger. Muskatnuss
50 ml Gemüsebrühe
125 g Buttermilch-Frischkäse
   (8 g F.)
200 ml Milch (1,5 % F.)
2 Eier
1 EL gehackter Kerbel
1 EL gehackte Petersilie
1 EL Schnittlauchröllchen
50 g ger. Käse
8 Scheiben Mehrkorntoast

1. Den Reis in Salzwasser in etwa 20 Minuten gar kochen, abgießen und abtropfen lassen.
2. Das Hähnchenfleisch kalt abspülen, trockentupfen und in grobe Würfel schneiden. Das Öl in einer beschichteten Pfanne erhitzen, das Fleisch darin rundherum kräftig anbraten und aus der Pfanne nehmen.
3. Die Zuckerschoten waschen und die Enden abschneiden. Die Schoten in kochendem Wasser etwa 2 Minuten blanchieren, mit eiskaltem Wasser abschrecken und abtropfen lassen. Den Backofen auf 180 °C vorheizen.
4. Zwiebel und Knoblauch schälen und fein würfeln. Die Zucchini waschen, die Enden abschneiden und die Zucchini in Würfel schneiden. Zwiebel und Knoblauch in dem verbliebenen Bratfett andünsten, die Zucchiniwürfel dazugeben, mit Salz, Pfeffer und Muskat würzen und mit der Gemüsebrühe ablöschen.
5. Den Buttermilch-Frischkäse mit Milch, Eiern und den Kräutern verrühren. Reis, Fleisch und Gemüse in eine flache Auflaufform geben und mit der Eiermilch übergießen.
6. Den Käse darüber streuen und den Hähnchen-Gemüse-Auflauf im heißen Ofen auf der mittleren Schiene etwa 30 bis 40 Minuten backen. Das Brot toasten und zum Auflauf servieren.

Hähnchenkeulen mit Maisgemüse

Hähnchenkeulen mit Maisgemüse

Für 4 Personen
Zubereitungszeit: ca. 60 Minuten

370 kcal · 12 g Fett · 29 %
33 g Kohlenhydrate

4 große Hähnchenkeulen
6 EL Teriyaki-Marinade
150 g Reis
Salz, Pfeffer
3 Stangen Lauch
1 EL Öl
1 Dose Mais (300 g Abtropf-
  gewicht)
etwas getr. Thymian
etwas getr. Oregano
frische Kräuter nach Belieben

1. Den Backofen auf 180 °C vorheizen. Die Hähnchenkeulen kalt abspülen und trockentupfen. Die Haut auf allen Seiten mehrfach einstechen. Die Keulen mit der Teriyaki-Sauce bepinseln, auf ein mit Cross&Frit-Papier belegtes Backblech setzen und im heißen Ofen auf der mittleren Schiene etwa 45 Minuten garen.
2. Den Reis in reichlich Salzwasser nach Packungsanweisung gar kochen, abgießen und abtropfen lassen.

3. Den Lauch putzen, waschen und in Ringe schneiden. Die Lauchringe in dem Öl etwa 3 Minuten anbraten, mit Salz und Pfeffer würzen.
4. Den Mais mit der Flüssigkeit sowie die Kräuter zugeben. Das Gemüse weitere 5 Minuten dünsten.
5. Die Hähnchenkeulen mit dem Reis und dem Maisgemüse servieren, nach Belieben mit frischen Kräutern garnieren.

Hähnchen-Brokkoli-Fondue

Für 4 Personen
Zubereitungszeit: ca. 30 Minuten
(ohne das Garen bei Tisch)

550 kcal · 4 g Fett · 7 %
58 g Kohlenhydrate

250 g Langkornreis
Salz
1 kg Hähnchenbrustfilet
500 g Brokkoli
250 g Champignons
1 Bd. Frühlingszwiebeln
gut 1½ l Hühnerbrühe
8 EL Sojasauce
8 EL Zitronensaft

1. Den Reis in Salzwasser nach Packungsanweisung in etwa 20 Minuten gar kochen.
2. Das Hähnchenfleisch kalt abspülen, trockentupfen, in kleine Würfel schneiden und auf einer Servierplatte anrichten.
3. Den Brokkoli waschen, putzen und zerkleinern. Die Pilze putzen und große Exemplare halbieren. Die Frühlingszwiebeln putzen, waschen und schräg in Ringe schneiden. Das Gemüse auf einer zweiten Platte anrichten.
4. Von der Hühnerbrühe 4 EL abnehmen, die Brühe im Fon-

duetopf auf der Herdplatte zum Kochen bringen, und mit dem Rechaud auf den Tisch stellen.
5. Sojasauce, Zitronensaft und die zurückbehaltenen 4 EL Brühe verrühren, auf 4 kleine Schälchen verteilen und neben jeden Fondueteller ein Schälchen stellen.
6. Das Fleisch und die Gemüsestücke in Portionen in der Brühe garen. Jeder fischt sich mit einem Fonduesieb etwas davon heraus und dippt es in die Sauce. Den Reis dazu essen.
(auf dem Foto)

Risotto mit Hähnchen

Für 4 Personen
Zubereitungszeit: ca. 60 Minuten

630 kcal · 14 g Fett · 20 %
80 g Kohlenhydrate

1 Zwiebel
1 Stange Staudensellerie
* mit Grün*
3 EL Olivenöl
400 g Hähnchenfleisch,
* gewürfelt*
1 TL Currypulver
⅛ l Weißwein
1 Pck. Citroback
1 EL Zitronensaft
Salz, Pfeffer
400 g Rundkornreis
1,2 l heiße Geflügelbrühe

1 EL Butter
5 EL ger. Parmesan
2 EL gehackte Petersilie

1. Die Zwiebel schälen und fein hacken. Den Sellerie putzen, waschen und in feine Scheiben schneiden; das Grün fein hacken.
2. Zwiebelwürfel und Selleriescheiben in heißem Öl andünsten. Fleisch und Curry dazugeben und das Fleisch rundherum anbraten.
3. Den Wein angießen und aufkochen, dann die Zitronenschale und den Zitronensaft zugeben. Alles salzen,

pfeffern und zugedeckt etwa 10 Minuten köcheln lassen.
4. Den Reis dazugeben, gut durchrühren und heiß werden lassen, dann einen Schöpflöffel heiße Geflügelbrühe angießen und unter ständigem Rühren leise köcheln lassen.
5. Immer wenn der Reis die Flüssigkeit aufgenommen hat, weitere Brühe schöpflöffelweise nachgießen.
6. Nach etwa 20 Minuten den Risotto von der Kochstelle nehmen, Butter, Parmesan und Selleriegrün unterrühren. Den Risotto vor dem Servieren mit Petersilie bestreuen.

Vegetarisches Fondue

Für 4 Personen
Zubereitungszeit: ca. 40 Minuten

435 kcal · 5 g Fett · 10 %
67 g Kohlenhydrate

2 Zwiebeln, 1 EL Öl
2 Pckg. passierte Tomaten
 (je 400 g)
1 EL Zucker
Salz, Pfeffer
2 EL Tomatenmark
1 EL getr. Oregano
je 250 g weißer und grüner
 Spargel
250 g Champignons
2 junge Kohlrabi
300 g junge Möhren
300 g Zuckerschoten
1 ¼ l Gemüsebrühe
200 g Baguette

1. Die Zwiebeln schälen, hacken und im Öl anbraten. Die passierten Tomaten dazugeben und aufkochen.
2. Zucker, Salz, Pfeffer, Tomatenmark und Oregano unterrühren und alles 20 Minuten köcheln lassen.
3. Vom Spargel die unteren Enden abschneiden, den weißen Spargel schälen, den grünen Spargel lediglich waschen. Die Spargelstangen schräg in mundgerechte Stücke schneiden.
4. Die Champignons putzen, große Pilze halbieren. Kohlrabi und Möhren putzen, schälen und in kleine Stifte schneiden. Die Zuckerschoten waschen, die Enden abschneiden und die Schoten in mundgerechte Stücke schneiden. Das Gemüse getrennt auf Servierplatten anrichten.
5. Die Tomatensauce durch ein Sieb in einen Fonduetopf streichen und mit der Gemüsebrühe auffüllen. Den Tomatensud erhitzen.
6. Das Gemüse portionsweise in Fonduesiebe geben und im Tomatensud bissfest garen. Das Baguette dazu servieren.

(auf dem Foto)

Linguine mit Steinpilzrahm

Für 4 Personen
Zubereitungszeit: ca. 30 Minuten

520 kcal · 15 g Fett · 26 %
71 g Kohlenhydrate

10 g getr. Steinpilze
400 ml heiße Gemüsebrühe
400 g Linguine
Salz
200 g frische Steinpilze
2 EL Öl
1 Pckg. TK-Zwiebeln
 mit Knoblauch
Pfeffer
2 EL gehackte Petersilie
3 EL Crème fraîche

1. Die getrockneten Pilze etwa 15 Minuten in der heißen Brühe einweichen. Die Nudeln in kochendem Salzwasser bissfest kochen, abgießen und abtropfen lassen.
2. Die frischen Pilze putzen und in Scheiben schneiden, dann im heißen Öl kräftig anbraten. Die gefrorene Zwiebelmischung unterrühren und kurz mitbraten. Das Pilzgemüse mit Salz und Pfeffer würzen.
3. Die Petersilie und die eingeweichten Steinpilze mit der Brühe zu den Pilzen in die Pfanne geben. Alles aufkochen und etwa 3 Minuten köcheln lassen. Anschließend die Crème fraîche unterrühren und das Pilzgemüse mit etwas Salz und Pfeffer abschmecken.
4. Die abgetropften Nudeln unter den Steinpilzrahm heben und das Gericht servieren.

Pizza vegetale

Pizza vegetale

Für 4 Personen
Zubereitungszeit: ca. 60 Minuten

475 kcal · 9 g Fett · 17 %
78 g Kohlenhydrate

1 Pckg. Pizzateig
1 Dose geschälte Tomaten
  (400 g)
1 Zwiebel
1 Knoblauchzehe
1 EL Butter
Salz
Pfeffer
2 Spritzer milde Tabascosauce
2 EL Pizzagewürz
je 1 große grüne und
  rote Paprikaschote
250 g Champignons
1 EL getr. Oregano
100 g ger. Gouda

1. Den Teig nach Packungsanweisung zubereiten, auf einem mit Backpapier belegten Backblech ausrollen und in die Ecken drücken.
2. Den Backofen auf 200 °C vorheizen. Die Tomaten in ein Sieb schütten und den Saft auffangen. Die Tomaten klein schneiden.
3. Die Zwiebel und den Knoblauch schälen und fein hacken. Beides in der Butter glasig dünsten, den Tomatensaft angießen und die Tomatenstücke dazugeben. Die Sauce mit Salz, Pfeffer, Tabasco und dem Pizzagewürz würzen und etwas einkochen lassen.

4. Die Paprikaschoten waschen, halbieren, entkernen und in feine Würfel schneiden. Die Champignons putzen und in Scheiben schneiden.
5. Die Tomatensauce auf dem Teig verteilen, Paprikawürfel und Pilzscheiben getrennt in etwa 4 cm breiten Streifen auf der Sauce verteilen, mit Salz, Pfeffer und Oregano würzen. Den Käse darüber streuen und die Pizza im heißen Ofen auf der mittleren Schiene etwa 30 Minuten backen.

Petersilienpizza

Für 4 Personen
Zubereitungszeit: ca. 50 Minuten

635 kcal · 15 g Fett · 21 %
75 g Kohlenhydrate

1 Pckg. Pizzateig
1 Bd. Frühlingszwiebeln
150 g glatte Petersilie
50 g Schnittlauch
2 Knoblauchzehen
150 g fettreduzierter Kräuter-
schmelzkäse (z. B. Du darfst)
250 g Magerquark
4 Eier
60 g ger. Parmesan
Salz
Pfeffer
etwas ger. Muskatnuss

1. Den Teig nach Packungsanweisung zubereiten, 2 runde Platten ausrollen und auf ein mit Backpapier belegtes Backblech legen. Den Backofen auf 200 °C vorheizen.
2. Die Frühlingszwiebeln putzen, waschen und in feine Ringe schneiden. Die Petersilie waschen und trockentupfen. Die Blättchen von den Stielen zupfen, einige schöne Blättchen beiseite legen, den Rest fein hacken.
3. Den Schnittlauch waschen, trockentupfen und in Röllchen schneiden. Frühlingszwiebelringe, gehackte Petersilie und Schnittlauchröllchen mischen, den Knoblauch schälen und dazupressen.
4. Schmelzkäse, Quark, Eier und die Hälfte des Parmesans miteinander verrühren und die Kräuter dazugeben. Die Mischung mit Salz, Pfeffer und Muskat kräftig würzen und auf den Teigplatten verteilen.
5. Die Petersilienblätter am Rand in die Quarkmasse drücken. Die Petersilienpizza im heißen Ofen auf der mittleren Schiene etwa 20 Minuten backen, dann den restlichen Parmesan darüber streuen und die Pizza weitere 10 Minuten backen.

Spinatlasagne

Für 4 Personen
Zubereitungszeit: ca. 40 Minuten
Backzeit: ca. 20 Minuten
Ruhezeit: ca. 10 Minuten

520 kcal · 9 g Fett · 16 %
71 g Kohlenhydrate

1 Zwiebel
1 TL Öl
1 Knoblauchzehe
500 g TK-Blattspinat
Salz
Pfeffer
etwas ger. Muskatnuss
500 g Magerquark
2 Dosen Tomaten (à 800 g)
1 TL gekörnte Brühe
etwas edelsüßes Paprikapulver
2 EL Tomatenmark
   mit Knoblauch
1 EL getr. Oregano
1 EL Mehl
250 g Lasagneblätter,
   vorgekocht
100 g ger. Käse

1. Die Zwiebel schälen, in feine Würfel schneiden und in dem Öl andünsten. Den Knoblauch schälen und dazupressen. Den (gefrorenen) Spinat zugeben und etwa 10 Minuten auf kleiner Hitze dünsten, eventuell etwas Flüssigkeit zugießen.
2. Den Spinat mit Salz, Pfeffer und Muskat würzen und mit dem Quark verrühren. Den Backofen auf 200 °C vorheizen.
3. Die Dosentomaten in einen Topf geben, etwas klein schneiden und erhitzen. Die Tomaten mit Salz, Pfeffer, gekörnter Brühe und Paprikapulver würzen. Das Tomatenmark und den Oregano unterrühren.

4. Die Tomatensauce aufkochen, das Mehl mit etwas Wasser verrühren und die Sauce binden. Den Topf von der Kochstelle nehmen.
5. In eine Auflaufform zunächst etwas Tomatensauce geben, darauf die erste Schicht Lasagneblätter verteilen. Wieder etwas Tomatensauce und dann etwas Spinat darauf schichten, mit Lasagneblättern abdecken.
6. Abwechselnd weitere Lagen schichten, mit Tomatensauce abschließen und den Käse darüber streuen.
7. Die Lasagne im heißen Ofen auf der mittleren Schiene etwa 20 Minuten backen; vor dem Servieren 10 Minuten ruhen lassen.

Fruchtiges Kartoffelcurry

Für 4 Personen
Zubereitungszeit: ca. 45 Minuten

320 kcal · 6 g Fett · 17 %
58 g Kohlenhydrate

800 g Kartoffeln
Salz
je 1 grüne, gelbe und
  rote Paprikaschote
400 g Aprikosen (Dose)
1 Bd. Frühlingszwiebeln
1 rote Zwiebel
2 EL Olivenöl
2–3 EL mildes Currypulver
2 EL Mehl
400 ml Gemüsebrühe
200 ml Milch (3,5 % F.)
weißer Pfeffer
1 Bd. Petersilie

1. Die Kartoffeln schälen, grob würfeln und 15 Minuten in Salzwasser kochen. Dann abgießen und abtropfen lassen.
2. Die Paprikaschoten waschen, halbieren, entkernen und in mundgerechte Stücke schneiden. Die Aprikosen abtropfen lassen und achteln. Die Frühlingszwiebeln putzen, waschen und in etwa 3 cm lange Stücke schneiden.
3. Die rote Zwiebel schälen und fein würfeln. 1 EL Öl in einem Topf erhitzen und die Zwiebeln darin glasig dünsten, Curry und Mehl zugeben und alles unter Rühren etwa 2 Minuten anschwitzen.
4. Die Gemüsebrühe unter Rühren hinzufügen und aufkochen lassen; bei schwacher Hitze etwa 5 Minuten köcheln lassen. Die Milch zugeben und die Sauce mit Salz und Pfeffer abschmecken.

5. Paprika und Frühlingszwiebeln in 1 EL Öl unter Rühren anbraten, bei mittlerer Hitze etwa 4 Minuten weiterbraten. Die Kartoffeln zufügen und 1 Minute mitbraten.
6. Aprikosen und Currysauce zum Kartoffelgemüse geben und heiß werden lassen. Die Petersilie waschen, trockentupfen und hacken; vor dem Servieren über das Kartoffelcurry streuen.

TIPPS:

Einen Hauch Exotik zaubern Sie in das Curry, indem Sie zu den angebratenen Paprikastücken das gewürfelte Fruchtfleisch einer Mango geben.
Garen Sie Kartoffeln vitamin- und mineralstoffschonend: Einfach die geschälten Kartoffeln über kochendem Wasser etwa 25 Minuten im geschlossenen Topf dämpfen.

Kartoffelecken mit Zucchinidip

Für 4 Personen
Zubereitungszeit: ca. 45 Minuten

270 kcal · 8 g Fett · 27 %
41 g Kohlenhydrate

1 kg Kartoffeln
3 EL Öl
grobes Salz
1 EL getr. Thymian
1 TL Paprikapulver
½ TL Kümmel
300 g Zucchini
2 rote Zwiebeln
1 Bd. Koriandergrün
2 EL weißer Aceto balsamico
Pfeffer
1 TL Agavendicksaft

1. Den Backofen auf 175 °C vorheizen. Die Kartoffeln gründlich waschen und abbürsten, längs vierteln.
2. Das Backblech mit Alufolie auslegen, die Folie mit 1 EL Öl bepinseln. Die Kartoffelecken auf die Folie legen, mit Salz und den Gewürzen bestreuen.
3. Die Kartoffeln im heißen Ofen auf der mittleren Schiene etwa 30 Minuten backen, zwischendurch wenden.
4. Die Zucchini waschen, die Enden abschneiden und die Zucchini fein raspeln. Die Zwiebeln schälen und fein würfeln. Das Koriandergrün waschen, trockentupfen und mit den Stielen hacken. Beides zu den Zucchini geben.

5. Aceto balsamico sowie etwas Salz und Pfeffer mit dem restlichen Öl verschlagen. Die Marinade mit dem Agavendicksaft süßen und mit der Zucchinimischung vermengen. Den Zucchinidip zu den Kartoffeln servieren.

TIPPS:
Herrlich frisch schmeckt zu den Kartoffelecken auch Kräuterquark. Kinder mögen die knusprigen Kartoffelecken jedoch oft auch einfach nur mit Ketchup.
Für dieses Rezept eignen sich besonders Frühkartoffeln, da sie noch eine dünne, feine Schale haben. Heimische Frühkartoffeln bekommen Sie ab Juni.

Quark-Grieß-Auflauf

Für 4 Personen
Zubereitungszeit: ca. 30 Minuten
Backzeit: ca. 60 Minuten

770 kcal · 20 g Fett · 23 %
98 g Kohlenhydrate

1 l Milch (1,5 % F.)
2 Prisen Salz
80 g Grieß
500 g Magerquark
6 Eier
120 g Zucker
abger. Schale von 1 Zitrone
2 EL Zitronensaft
einige Tropfen Butteraroma
40 g Butter
40 g gem. Mandeln
2 Dosen Aprikosen
  (à 400 g Einwaage)

1. Die Milch mit dem Salz zum Kochen bringen. Den Grieß einstreuen und unter ständigem Rühren etwa 5 Minuten bei schwacher Hitze ausquellen und dann abkühlen lassen.
2. Den Quark in eine Schüssel geben, die Eier trennen und die Eigelbe zum Quark geben. Zucker, Zitronenschale und -saft sowie das Butteraroma dazugeben.
3. Alles mit dem Schneebesen des elektrischen Rührgerätes gut verrühren, dann den Grießbrei unterrühren.

4. Die Eiweiße steif schlagen und unter den Quark-Grieß heben. Die Masse in eine Auflaufform füllen.
5. Die Butter zerlassen und mit den Mandeln mischen, die Mischung auf der Quarkmasse verstreichen.
6. Den Auflauf im vorgeheizten Backofen 50 bis 60 Minuten backen. Die Aprikosen abtropfen lassen und zum Auflauf servieren.

TIPPS:
Dieser Auflauf schmeckt auch kalt noch gut.
Als Variante können Sie den Quark-Grieß-Auflauf mit einem geschälten und geraspelten Apfel verfeinern.

Grießklößchen in Holundersauce

Für 4 Personen
Zubereitungszeit: ca. 35 Minuten

240 kcal · 3 g Fett · 11 %
48 g Kohlenhydrate

¼ l Holundersaft
⅛ l Apfelsaft
60 g Zucker
½ Zimtstange
1 Pck. Citroback
150 g Äpfel
20 g Speisestärke
60 ml Milch (1,5 % F.)
1 TL Butter
½ Pck. Vanillezucker
1 Prise Salz
30 g Grieß
1 kleines Ei

1. Die Fruchtsäfte, 100 ml Wasser 50 g Zucker, Zimtstange und Citroback zusammen aufkochen.
2. Die Äpfel schälen, in Stücke schneiden, in die Suppe geben und etwa 5 Minuten köcheln lassen. Die Speisestärke mit wenig Wasser glatt rühren und die Sauce damit binden. Die Zimtstange entfernen und die Sauce warm stellen.

3. Die Milch mit Butter, restlichem Zucker, Vanillezucker und dem Salz aufkochen. Den Topf von der Kochstelle nehmen. Den Grieß einrühren und so lange rühren, bis sich die Masse als Kloß vom Topfboden löst. Die Masse etwas abkühlen lassen, dann das Ei unterrühren.
4. Aus der Masse 8 Klöße formen und in kochendem Wasser etwa 10 Minuten gar ziehen lassen. Die Klöße in der Holundersauce servieren.

Joghurtgelee mit Karamellbananen

Für 4 Personen
Zubereitungszeit: ca. 30 Minuten
Kühlzeit: ca. 60 Minuten

265 kcal · 2 g Fett · 7 %
58 g Kohlenhydrate

6 Blatt weiße Gelatine
300 g Trinkjoghurt natur
100 ml Milch (1,5 % F.)
75 g Zucker
1 Pck. Vanillezucker
abger. Schale von ½ Zitrone
2 EL Zitronensaft
80 g Zucker
150 ml Orangensaft
2 Bananen

1. Die Gelatine in kaltem Wasser einweichen. Den Joghurt in eine Schüssel geben, mit Milch, Zucker, Vanillezucker, Zitronenschale und -saft verrühren.
2. Die Gelatine in sehr wenig Wasser unter Rühren auflösen und in die Joghurtmasse rühren. Eine Form mit kaltem Wasser ausspülen, die Masse einfüllen und im Kühlschrank in etwa 60 Minuten erstarren lassen.
3. Den Zucker in einem kleinen Topf erhitzen und kara-

mellisieren lassen. Den Orangensaft angießen und so lange kochen lassen, bis eine sämige Sauce entstanden ist.
4. Die Bananen schälen, in Scheiben schneiden und in der Sauce wenden. Das Joghurtgelee auf eine Platte stürzen. Die Bananen daneben anrichten.

Erdbeer-Tiramisu

Für 4 Personen
Zubereitungszeit: ca. 25 Minuten
Kühlzeit: ca. 2 Stunden

375 kcal · 3 g Fett · 7 %
60 g Kohlenhydrate

500 g Erdbeeren
500 g Cremquark (0,2 % F.)
50 g Zucker
2 Pck. Vanillezucker
Saft und abger. Schale von
* 1 unbehandelten Zitrone*
1 EL Speisebinder ohne Kochen
150 g Löffelbiskuits

200 ml Espresso
4 EL Amaretto
2 EL Espressopulver

1. Die Erdbeeren waschen, putzen und halbieren. Den Quark mit Zucker, Vanillezucker, Zitronensaft und -schale sowie dem Speisebinder verrühren.

2. Eine eckige Form mit der Hälfte der Löffelbiskuits auslegen. Mit 100 ml Espresso und 2 EL Amaretto beträu-feln. Die Hälfte der Erdbeeren und den Quark darauf verteilen.

3. Die restlichen Löffelbiskuits auf die Quarkmasse geben, wieder mit Espresso und Likör beträufeln. Die restlichen Erdbeeren sowie den restlichen Quark darauf verteilen.

4. Das Tiramisu mit Espressopulver bestreuen und für etwa 2 Stunden in den Kühlschrank stellen.

Zitroneneis

Zitroneneis

Für 4 Personen
Zubereitungszeit: ca. 20 Minuten
Kühlzeit: ca. 60 Minuten
Gefrierzeit: ca. 35 Minuten

250 kcal · 4 g Fett · 14 %
45 g Kohlenhydrate

4 Zitronen
450 g Joghurt (3,5 % F.)
150 g Puderzucker
4 frische Eiweiß
1 Prise Salz
4 Zitronenspalten und
etwas Zitronenmelisse
  zum Garnieren

1. Die Zitronen halbieren, auspressen und 200 ml Saft abmessen. Joghurt, Zitronensaft und 50 g Puderzucker in einer Schüssel cremig rühren. Die Masse etwa 1 Stunde kühlen.
2. Die Eiweiße mit dem restlichen Puderzucker und der Prise Salz steif schlagen. Anschließend den Eischnee sorgfältig unter die gekühlte Joghurtmasse ziehen, bis alles gleichmäßig vermischt ist.

3. Die Masse in die laufende Eismaschine füllen und etwa 35 Minuten gefrieren lassen. Das Zitroneneis zu Kugeln portionieren und in Schälchen geben. Mit je 1 Zitronenspalte und etwas Zitronenmelisse garnieren.

Erdbeer-Kefir-Eis

Erdbeer-Kefir-Eis

Für 6 Stücke
Zubereitungszeit: ca. 20 Minuten
Gefrierzeit: mind. 6 Stunden

37 kcal · < 1 g Fett · 12 %
7 g Kohlenhydrate

250 g Erdbeeren
3 EL Agavendicksaft (45 g)
100 g Kefir

1. Die Beeren waschen, putzen und im Mixer pürieren. Den Agavendicksaft und den Kefir unter das Püree rühren.
2. Die Beeren-Kefir-Mischung kurz ruhen lassen, damit sich der Schaum oben absetzen kann.
3. Die Masse auf Eisförmchen (von jeweils etwa 50 ml Inhalt) verteilen. Die Formen verschließen und die Mischung mindestens 6 Stunden gefrieren lassen.

TIPP:
Statt frischer Erdbeeren können Sie auch Preiselbeersirup (200g) verwenden – damit geht die Zubereitung noch etwas schneller.

Schneller Bienenstich

Für 30 Stücke
Zubereitungszeit: ca. 10 Minuten
Backzeit: ca. 20 Minuten

80 kcal · 1 g Fett · 11 %
14 g Kohlenhydrate

Für den Teig:
½ l Buttermilch
4 Eier
400 g Mehl
300 g Zucker
1 Pck. Backpulver

Zum Bestreuen:
100 g Kokosraspel
50 g Zucker

1. Den Backofen auf 180 °C vorheizen. Ein Backblech mit Backpapier belegen. Die Zutaten für den Teig gut miteinander verrühren.
2. Den Teig auf das Backpapier streichen. Kokosraspel und Zucker vermischen und auf den Teig streuen.
3. Den Bienenstich im heißen Ofen auf der mittleren Schiene etwa 20 Minuten backen.

TIPP:
Bienenstich mal anders: anstatt des Hefeteigs bereiten wir einen Rührteig zu. So schmeckt der Kuchen auch am nächsten Tag noch frisch und saftig.

Bananenkuchen

Für 20 Stücke
Zubereitungszeit: ca. 20 Minuten
Backzeit: ca. 50 Minuten

110 kcal · 2 g Fett · 16 %
19 g Kohlenhydrate

150 g Joghurt (1,5 % F.)
150 g Zucker
1 Pck. Vanillezucker
3 Eier
2 EL Vollkorngrieß
2 Bananen
250 g Magerquark
200 g Mehl
1 Pck. Backpulver
100 g Kellogg's All brain plus

1. Den Backofen auf 160 °C vorheizen. Joghurt, Zucker und Vanillezucker mit den Schneebesen des elektrischen Handrührgeräts etwa 3 Minuten auf höchster Stufe verrühren.
2. Die Eier einzeln unter die Joghurt-Masse rühren, dann den Grieß unter Rühren einrieseln lassen.
3. Die Bananen schälen, mit einer Gabel zerdrücken und zusammen mit dem Quark in die Masse rühren.

4. Das Mehl zusammen mit dem Backpulver auf die Masse sieben und unterrühren. Die Kellogg's-Cerealien-Mischung rasch unterheben und den Teig sofort in eine gefettete Kastenform von 30 cm Länge füllen. Den Kuchen im heißen Ofen auf der mittleren Schiene etwa 50 Minuten backen.

TIPPS:
Dieser Kuchen eignet sich auch prima als Pausenbrot. Er kann übrigens auch in einer Springform oder auf dem Blech gebacken werden.

Rosaroter Panther

Für 2 Gläser
Zubereitungszeit: ca. 15 Minuten

120 kcal · 3 g Fett · 23 %
16 g Kohlenhydrate

½ Vanilleschote
50 g Himbeeren
100 g Erdbeeren
3 Zweige Pfefferminze
2 EL Joghurt (1,5 % F.)
350 ml Milch (1,5 % F.)
1 TL Honig

1. Die Vanilleschote längs halbieren und das Mark mit einem Messer herauskratzen. Die Beeren verlesen, waschen und die Stielansätze entfernen. Die Pfefferminze waschen und trockentupfen. Die Blätter von einem Zweig abzupfen.
2. Die Beeren mit den abgezupften Minzeblättern, dem Joghurt und dem Vanillemark pürieren.
3. Die Milch darunter mixen, das Getränk mit Honig süßen in Gläser gießen und mit je 1 Pfefferminzzweig garnieren.

TIPP:
Erwachsene und Kinder brauchen Milch und Milchprodukte – sie liefern das für die Knochenbildung wichtige Kalzium. Diesen Drink werden Sie und Ihre Kinder gerne mögen.

Haferflockendrink

Für 2 Gläser
Zubereitungszeit: ca. 15 Minuten

170 kcal · 2 g Fett · 11 %
30 g Kohlenhydrate

1 weiche Birne
100 g TK-Brombeeren
3 EL schwarzer Johannis-
  beersaft
2 EL Haferflocken
300 ml Buttermilch
2 TL Honig
einige Pfefferminzzweige
  zum Garnieren

1. Die Birne schälen, das Kerngehäuse entfernen und das Fruchtfleisch in kleine Stücke schneiden.
2. Die Brombeeren bis auf einige zum Verzieren, die Birnenstücke, den Johannisbeersaft und die Haferflocken zusammen pürieren.

3. Die Buttermilch und den Honig dazugeben und alles noch einmal mixen. Den Drink in 2 Gläser füllen und mit den zurückbehaltenen Brombeeren und Pfefferminzzweigen garnieren.

TIPPS:
Wenn Sie die Kernchen der Brombeeren stören, können Sie das Püree auch durch ein Sieb streichen.
Mit Instantflocken, statt der normalen Haferflocken, wird der Drink ganz fein.

Kiwi-Bananen-Drink

Kiwi-Bananen-Drink

Für 2 Gläser
Zubereitungszeit: ca. 15 Minuten

120 kcal · 2 g Fett · 15 %
22 g Kohlenhydrate

2 Kiwis
1 Banane
1 rosa Grapefruit
1 TL Nussmus
100 ml Apfelsaft
2 Blättchen Pfefferminze
  zum Garnieren

1. Die Kiwis halbieren,
2 Scheiben für die Garnierung
beiseite legen. Das restliche
Kiwifleisch und die Banane
schälen. Alles in Stücke
schneiden.
2. Die Grapefruit auspressen.
Kiwi- und Bananenstück zusammen mit dem Grapefruitsaft pürieren. Das Nussmus
darunter mixen. Den Apfelsaft
dazugeben und alles noch einmal durchmixen.

3. Den Drink in 2 Gläser füllen und die Gläser mit je
1 Kiwischeibe und 1 Pfeffer-
minzblättchen garnieren.

LOW FETT 30-Tabelle

	kcal	Gramm Fett	% Fett
Brot, Getreideprodukte			
Brot, Brötchen			
Baguette, 1 Stück, 50 g	126	1	7,14
Baguette-Brötchen, 1 Stück, 80 g	202	1	4,46
Brandt Marken Zwieback, 100 g	394	6	13,70
Brandt Vollkorn-Zwieback, 100 g	359	6	15,04
Brötchen, Mehrkorn, 1 Stück, 60 g	140	1	6,43
Brötchen, Roggen, 1 Stück, 60 g	132	1	6,82
Brötchen, Weizen, Semmel, 1 Stück, 50 g	136	1	6,62
Mischbrot, Roggen, 1 Scheibe, 50 g	105	1	8,57
Mischbrot, Weizen mit Sonnenblumenkernen, 1 Scheibe, 50 g	118	2	15,25
Vollkornbrot, Roggen, 1 Scheibe, 50 g	96	1	9,38
Vollkornbrot, Weizen, 1 Scheibe, 50 g	99	+	0,00
Weißbrot, 1 Scheibe, 50 g	130	2	13,85
Kuchen (100 g Rohprodukt)			
Dr. Oetker Käsekuchen	364	0,4	0,99
Dr. Oetker Kuchenmischung Marmorkuchen	355	1,7	4,31
Dr. Oetker Kuchenmischung Zitronenkuchen	369	1,4	3,41
Müsli/Cerealien (30 g)			
Basis Müsli	121	2	14,88
Haferflocken	110	2	16,36
Kellogg's Cornflakes	110	0,18	1,47
Kellogg's Crunchy Nut	117	0,93	7,15
Kellogg's Toppas	102	0,45	3,97
Kölln Knusper Haferfleks	116	2	15,52
Mais-Knusperflocken ohne Zucker	109	1	8,26
Schneekoppe 10 Vitamine & Schoko Müsli	380	11	26,05
Schneekoppe Tigerentenmüsli	365	2	4,93
Getreide, Getreideprodukte, Reis (100 g)			
Müller's Mühle Golden Reis, parboiled	349	0,6	1,55
Müller's Mühle Jasminreis	345	0,6	1,57
Müller's Mühle Langkornreis/Wildreis	345	0,6	1,30
Müller's Mühle Milchreis (Rundkornreis)	344	1	2,61
Müller's Mühle Reis, Natur, ungeschält	349	2	5,15
Weizenmehl, Type 1700	302	2	5,96
Weizenmehl, Type 405	332	1	2,71
Nudeln (100 g Rohprodukt)			
3-Glocken „Die mag ich", feine Eiernudeln	367	3	7,32
3-Glocken Genuss pur	358	1,5	3,77
3-Glocken Gold-Ei, Landnudeln	352	4	10,23

	kcal	Gramm Fett	% Fett
Glasnudeln	160	1	5,62
Vollkornnudeln	323	2	5,57
Fleisch			
Kalb (100 g)			
Braten	107	3	25,23
Filet/Lende	111	3	24,32
Schnitzel/Keule	102	2	17,65
Rind (100 g)			
Beefhack (Tatar)	113	3	23,89
Filet/Roulade	121	4	29,75
Roastbeef	130	4	27,69
Schwein (100 g)			
Filet	107	2	16,82
Schnitzel	107	2	16,82
Geflügel (100 g oder Portion)			
Geflügel, Keule, ohne Haut	114	3,6	28,42
Hähnchenbrust, Filet, ohne Haut	102	1	8,82
Putenfilet- und Schnitzel	105	1	8,57
Schinken, Wurst (100 g)			
Geflügelwurst	122	2	14,75
Herta Farmerschinken Virginia	110	3	24,55
Herta Finesse Lachsschinken	124	1	7,26
Herta Rohschinkenwürfel	137	3	19,71
Herta Schinkenstreifen, gegart	110	3	24,55
Herta Wesfälischer Saftschinken	110	3	24,55
Lachsschinken ohne Fettrand	107	2	16,82
Eier			
Eier Gewichtsklasse M, 1 Stück, 60 g	93	7	67,74
Eiweiß von 1 Ei, 35 g	17	0	0,00
Fisch, Meeresfrüchte			
Forelle, 100 g	103	3	26,21
Garnelen/Krabben, ausgelöst, 100 g	87	1	10,34
Kabeljau, 100 g	77	1	11,69
Seelachs, 100 g	80	0,8	9,00
Thunfisch, Dose, naturell, 150 g	167	1	5,39
Thunfisch, frisch, 100 g	125	2	14,40
Milch, Milchprodukte			
Milch, Milchdrinks, Milchdesserts			
Bananenmilch, 1 Glas, 200 ml	166	4	21,69
Buttermilch (0,5 % Fett), 2 Glas, 200 ml	78	1	11,54
Kakaotrunk (fettarm), 1 Glas, 200 ml	122	3	22,13
Milch, fettarm (1,5 % Fett), 1 Glas, 200 ml	98	3	27,55
Milch/Magermilch, entrahmt (0,3 % Fett), 1 Glas, 200 ml	72	+	0,00

	kcal	Gramm Fett	% Fett
Müller Multivitamin-Buttermilch, 500 g	355	4	10,14
Joghurt, Joghurtdrinks			
Danone Für Kinder, 125 g	116	2	15,52
Ehrmann DailyFit plus Frucht, 150 g	161	5	27,95
Heirler Sanoghurt natur, 150 g (Reformhaus)	81	2	22,22
Müller Schoko Vanilla, 150 g	201	6	26,87
Nestle LC1 mit Fruchtinsel, 150 g	135	4	26,67
Schneekoppe probiotischer Joghurt, 150 g	60	1	15,00
Weihenstephan Käpt'n Blaubär (div. Sorten), 125 g	125	3	21,6
Quark (100 g)			
Magerquark	76	+	0,00
Qremor, Cremquark (0,2 % Fett i. Tr.)	70	+	0,00
Andere Milchprodukte/Desserts aus dem Kühlregal			
Duett Grießpudding mit Himbeersauce, 150 g	162	3	16,66
Müller Milchreis Schoko, 200 g	228	5	19,74
Müller Milchreis, pur, 200 g	220	5	20,45
Puddis Schokopudding, 125 g	123	3	21,95
Puddis Vanillepudding/Schokosauce, 125 g	128	3	21,0
Obst, Gemüse, Hülsenfrüchte			
Alle Obst- und Gemüsesorten sind LOW FETT 30			
Ausnahmen: Avocados, Oliven			
Frischkost und TK-Kost			
Sojasprossen, frisch, 100 g	50	1	15,00
TK-Suppengrün, 50 g	12	+	0,00
Konserviertes Obst und Gemüse			
Kühne Gewürzgurken, 100 g	26	0,1	3,46
Kühne Senfgurken, 100 g	35	0,1	2,57
Kühne Ananasweinkraut, 100 g	34	0,3	7,9
Kühne Sauerkraut mild, 100 g	26	0,3	10,38
Kühne Holsteiner Fasskraut, 100 g	20	0,3	13,50
Seeberger Apfelringe	234	1,6	6,15
Hülsenfrüchte (100 g)			
Müller's Mühle Schälerbsen (gelb und grün)	262	0,8	2,75
Müller's Mühle grüne Erbsen	333	1,4	3,78
(Halb-)Fertigprodukte			
Kartoffelprodukte			
Kartoffelpüree, mit Wasser zubereitet, 1 Portion	94	+	0,00
Kartoffelpüree, mit Milch zubereitet, 1 Portion	204	6	26,47
Agrarfrost Kartoffelklöße Thüringer Art (TK), 1 Portion	129	1	6,98
Agrarfrost Kartoffelklöße halb und halb (TK), 1 Portion	121	1	7,44
Agrarfrost Backfrites 3 %, 1 Portion	147	3	18,37
Agrarfrost Kartoffelpuffer, 1 Portion	113	3	23,89
1,2,3 Frites, 100 g	210	6	25,71

	kcal	Gramm Fett	% Fett
Schupfnudeln, 1 Portion	565	6	9,55
Halb und halb Klöße, 1 Portion	169	+	0,00
Rohe Klöße, 1 Portion	195	+	0,00
Gekochte Klöße, 1 Portion	178	+	0,00
Sonstige Produkte			
Böhmische Klöße, 1 Portion	236	1	3,81
Semmel-Knödel, 1 Portion	258	7	24,41
Eierspätzle, 325 g	618	16	23,30
Sanella Pizzateig, 100 g	287	5	15,67
TK-Pizzateig, 100 g	264	6	20,45
Klare Brühen (für 250 ml)			
Brühe, gekörnt	8	+	0,00
Gemüse-Hefebrühe	7	+	0,00
Gemüsebrühe, klar	10	+	0,00
Salatsaucen/Dressings			
Maggi fix für Grünen Salat, 1 Beutel	25	+	0,00
Maggi fix „Französische Art", 1 Beutel	25	+	0,00
Maggi fix „Joghurt-Kräuter", 1 Beutel	26	+	0,00
Maggi fix Gartenkräuter-Sauce, 1 EL	30	+	0,00
Saucen zu Gerichten/Pastasaucen			
Uncle Ben's Fix „Chinesisch süßsauer", 1 Glas	308	0	0,00
Uncle Ben's „Indisch Curry", 1 Glas	228	5	19,73
Sauce Napoli, 200 g	104	3	25,96
3-Glocken Nudelsauce Napoli, 1 Packung	47	1,2	22,98
Maggi fix für Bolognese, 400 ml	188	0,66	3,16
Würz-/Feinkostsaucen aus Glas/Flasche			
Tomaten Ketchup	19	+	0,00
Barbecue-Sauce	19	+	0,00
Chili-Sauce	18	+	0,00
Mango-Chutney	47	+	0,00
Kikkoman Soja-Sauce, 1 EL, 15 g	11	+	0,00
Kikkoman Soja-Sauce, süß, 1 EL, 15 g	13	+	0,00
Kikkoman Teriyaki Marinade, 1 EL, 15 g	11	+	0,00
Würzextrakte und -pasten			
Tomatenmark, 1 EL, 20 g	16	+	0,00
Senf, süß, 1 EL, 20 g	11	+	0,00
R-Hefeextrakt, 1 TL, 5 g	11	+	0,00
Brotaufstriche			
Apfelkraut, 1 TL, 20 g	50	+	0,00
Honig, 1 TL, 6 g	18	0	0,00
Konfitüre/Marmelade (div. Sorten), 1 TL, 20 g	55	0	0,00
Zuckerrübenkraut, 1 TL, 20 g	51	0	0,00

	kcal	Gramm Fett	% Fett
Fetiggerichte			
TK-Gerichte			
Bistro Baguettes Hawaii, 1 Stück, 150 g	285	9	28,42
Iglo Kruston, Frischkäse Tomate, 175 g	411	13	28,50
Iglo Makkaroni-Auflauf, 420 g	571	19	29,95
Dr. Oetker Pizza Bolognese	571	18	28,37
Dr. Oetker Pizza Champignon	663	21	28,50
Dr. Oetker ofenfrische Pizza Spinat	184	6	29,35
Nudel- und Reisgerichte			
Miracoli Makkaroni Tomatensauce, 1 Portion	590	14	21,35
Miracoli Spaghetti, 1 Portion	655	14	19,23
Knorr Spaghetteria Spaghetti Bolognese, 1 Portion	339	6	15,93
Risotteria Brokkoli/Käse, 1 Packung	587	7	10,73
Risotteria Käse/Champignon, 1 Packung	549	3	4,91
Pudding, Cremes, Süßspeisen			
Dr. Oetker Paradies-Creme Erdbeer (100 g Pulver)	424	9,1	19,32
Dr. Oetker Quarkfein, alle Sorten, Durchschnitt (100 g Pulver)	394	0,1	0,23
Gala Echt Karamel, 1 Portion	116	3	23,27
Götterspeise, div. Geschmacksrichtungen, 1 Portion	72	+	0,00
Rote Grütze, 1 Portion	84	+	0,00
Unterwegs essen (1 Portion)			
Milchshake Erdbeer	290	8	24,82
Milchshake Schokolade	302	8	23,84
Soft Eis mit Schokoladensauce	279	8	25,80
Spaghetti mit Tomatensauce, klassisch	584	12	18,49
Knabberspaß und Süßes			
Knabbereien			
Seeberger Reisgebäck „Katana"	397	4,8	10,88
Seeberger Reisgebäck „Matsuri"	382	0,4	0,94
Uncle Ben's Rispinos, 100 g	231	0	0,00
Wolff Große Goldbrezel, 100 g	362	6,1	15,00
Wolff Stikletti + Brezli, 100 g	350	4,8	10,00
Riegel, Bonbons			
Balisto Korn-Mix, 1 Riegel	212	6	25,47
Banjo, 1 Riegel	342	11	28,95
Corny Schoko-Banane, 1 Riegel, 25 g	102	3	26,47
Haribo Goldbären, 100 g	340	+	0,00
Haribo Lakritz-Schnecken, 100 g	294	+	0,00
Schoko-Schaumkuss Mini, 1 Stück	37	1	24,32
Schoko-Schaumkuss, 1 Stück	105	3	25,71
Schoko-Schaumkuss, 1 Stück	105	3	25,71
Storck Mamba	388	5,5	12,76

	kcal	Gramm Fett	% Fett
Eiscreme			
Malibu, 50 g	72	2	25,00
Eismann Eddy's Mini-Ufos, 100 g	104	0	0,00
Eismann Eddy's Fruchti-Mix, 100 g	105	0	0,00
Eismann Eddy's Commander, 100 g	100	0	0,00
Capri	53	+	0,00
Schöller Freezer Cherry	160	4	22,50
Schöller-Mövenpick (Mini) Amarena Cream	156	5,2	30,00
Schöller-Mövenpick Citronen-Sorbet	123	0,3	2,20
Ciano Erdbeer	127	3	21,25
Extreme Joghurt	183	6	29,50
Jive Waldfrucht	153	5	29,41
Motta Bären Ice Snack	216	7	29,17

+ = in Spuren; EL = Esslöffel; TL = Teelöffel; TK = Tiefkühl . . . ; % Fett = Prozent Fettkalorien

Rezeptverzeichnis

Register

Nützliche Adressen

Unter folgender Adresse erhalten Sie für 12,50 DM als V-Scheck eine Broschüre, die alle wichtigen Basisinformationen und jede Menge Produktinfos enthält:

LOW FETT e.V.
c/o Ritter Marketing Services
Sophienstr. 19
D-41065 Mönchengladbach
Fax: 0 21 61/48 18 78
Internet: www.lowfett.de
E-Mail: info@lowfett.de

Allgemeine Informationen und Empfehlungen zur Ernährung:

Deutsche Gesellschaft
für Ernährung e.V.
Im Vogelsgesang 40
D-60488 Frankfurt/M.
Tel.: 0 69/97 68 03-0
Fax: 0 69/97 68 03-99

Auswertungs- und Informationsdienst für Ernährung, Landwirtschaft und Forsten (aid) e.V.
Konstantinstr. 124
53179 Bonn
Tel.: 02 28/84 99-0
Fax: 02 28/9 52 69 52

Im FALKEN Verlag sind zahlreiche Titel zum Thema „LOW FAT 30" erschienen.
Bitte fragen Sie überall dort, wo es Bücher gibt.

Sie finden uns im Internet: **www.falken.de**

Dieses Buch wurde auf chlorfrei gebleichtem und säurefreiem Papier gedruckt.

Der Text dieses Buches entspricht den Regeln der neuen deutschen Rechtschreibung.

ISBN 3 8068 2596 3

Umschlaggestaltung: Peter Udo Pinzer
Gestaltung: Horst Bachmann und Ulrich Klein
Lektorat: Claudia Schmidt, München
Redaktion: Elly Lämmlen
Herstellung: Peter Beckhaus, Mainz, Petra Becker
Fotos: Klaus Arras, Köln. Außer: **FALKEN Archiv:** S. 1, 4, 13 (A. Schliack); S. 54, 55, 59, 61,
107 (W. Feiler); S. 27, 37, 45, 49, 53 (U. Kopp)

Die Ratschläge in diesem Buch sind von den Autorinnen und vom Verlag sorgfältig erwogen und
geprüft, dennoch kann eine Garantie nicht übernommen werden. Eine Haftung der Autorinnen bzw.
des Verlags und seiner Beauftragten für Personen, Sach- und Vermögensschäden ist ausgeschlossen.

Satz: FALKEN Verlag, Niedernhausen/Ts.
Druck: Appl, Wemding

817 2635 4453 6271